조정민 목사의 창세기 돋보기 1

시작에서 답을 찾다

조정민 목사의 창세기 돋보기 1

시작에서 답을 찾다

지은이 | 조정민
초판 발행 | 2020. 10. 28
7쇄 발행 | 2024. 10. 8
등록번호 | 제1988-000080호
등록된 곳 | 서울특별시 용산구 서빙고로65길 38
발행처 | 사단법인 두란노서원
영업부 | 2078-3333   FAX | 080-749-3705
출판부 | 2078-3331

책값은 뒤표지에 있습니다.
ISBN 978-89-531-3888-9 04230
       978-89-531-3889-6 (세트)
독자의 의견을 기다립니다.
tpress@duranno.com   www.duranno.com

시작에서 답을 찾다

조정민 목사의 창세기 돋보기 1

모든 시작점은
'나'가 아니라
'하나님'이어야 한다.

조정민
지음

40th
두란노

목차

2부
사람, 창조의 절정

3부
원죄, 모든 죽음의 시작

4부

동행, 세상과 다른 선택

길 잃은 사람이 돌아가야 할 신앙의 첫자리

"시작이 반"이라고 합니다. 소심하거나 결정 장애가 있어 선뜻 일에 뛰어들지 못하는 사람들이 기억해야 할 말입니다. 그러나 지나고 보면 시작은 시작일 따름입니다. 과정이 더 중요하고, 끝은 더욱 중요합니다. 그런데 이번에 창세기를 다시 읽고 깨달았습니다. 시작은 반이 아니라 전부라는 것을 말입니다.

하나님의 시작은 완전합니다. 하나님이 시작하신 일은 모두가 한목소리로 환호해도 지나치지 않습니다. 하나님도 태초에 "좋다, 좋다, 참 좋다"를 연발하시지 않았습니까. 그러나 그토록 완벽했던 시작에 흠이 가고 균열이 생겼습니다. 하나님이 자기 형상대로 짓고 나서 흡족해하셨던 인간이 저지른 일 때문입니다.

창세기는 우리 신앙의 첫자리이고, 창조는 모든 믿음의 터전입니다. 터가 흔들리면, 그 위의 것들은 성할 수가 없습니다. 지진이 무서운 이유입니다. 마찬가지로 첫자리를 잃고 나면 신앙은 제자리를 찾을 길이 없습니다.

다행히 하나님이 우리에게 첫 자리의 좌표를 가르쳐 주십니다. 언제건 돌아갈 수 있도록 지도를 손에 쥐여 주셨습니다. 어린아이가 길을 잃으면 부모와 헤어졌던 그 장소로 돌아가야 합니다. 그래야 부모를 찾습니다. 그렇듯이 코로나 팬데믹으로 한 해를 정신없이 흘려보내고 있는 이 시대의 흔들리는 신앙인들은 모두 창조주 하나님께로 돌아가야 합니다.

창세기를 신화나 설화로 여기는 사람들이 있습니다. 그들은 지금도 세상이 진화하고 있다고 믿으며 창조론은 시대착오적 관념일 뿐이라고 치부합니다. 그러나 그들은 길을 잃은 사람들입니다. 자신이 길을 잃은 줄도 모르고 있습니다. 제 길에서 한참 벗어났는데도 여전히 잘 가고 있다고 착각하고 있습니다. 문제는 그들 손에 이끌려 곁길로 빠져드는 사람이 점점 늘어나고 있다는 것입니다. 결과는 혼돈과 방황입니다.

태풍이 휘몰아치는 밤바다에서 표류하는 배에 필요한 것은 무엇입니까? 등대의 불빛입니다. 우리에게는 등대가 필요합니다. 창세기는 바로 그 등대와 같습니다.

베이직교회에서 지난 2년간 주일 말씀으로 선포해 왔던 창세기 강해 설교를 책으로 엮었습니다. 미진한 마음에 저어했지만, 두란노의 격려와 수고에 힘입어 얼굴을 드러내게 되었습니다. "이 세상도, 그 정욕도 지나가되 오직 하나님의 뜻을 행하는 자는 영원히 거하느니라"(요일 2:17)라는 말씀을 되새깁니다. 그리고 하나님의 뜻은 오직 말씀으로 영원히 거한다는 것을 일생 기억합니다.

호흡이 다 하는 날까지 하나님의 깊고 오묘한 말씀을 훼손하지 않고 선포하겠다는 열망을 품게 된 것은 날마다 병약한 몸으로 십자가를 지고 강단에 올라 생명의 말씀을 전했던 한 설교자 덕분입니다. 소천하신 하용조 목사님의 창세기 설교로 신앙 여행을 처음 시작했던 터라, 하 목사님께 진 무거운 사랑의 빚을 조금이나마 갚아 드리고자 하는 마음으로 책을 엮었습니다. 정중히 일별을 간청하는 마음으로, 이 부족한 창세기 강해 설교집을 하 목사님께 헌정하고자 합니다.

선포된 말씀을 글로 다듬어 다시 누군가에게 좋은 소식으로 전하는 두란노의 형제자매들에게 말로 다 할 수 없는 감사를 전 합니다.

2020년 10월

코로나 팬데믹 한가운데서

조정민

1

창조,
_____

믿음의
_____

출발점
_____

1.

성경은 왜
창조 사건으로 시작하는가?

하나님이 창조하시다

창 1:1

그리스도인은 만물의 근원이 하나님께 있다는 사실을 압니다. 경험이 아닌 믿음으로 압니다. 인간은 하나님의 형상을 닮은 유일한 피조물이지만, 만물의 중심은 아닙니다. 그런데 명상이나 사색을 하는 사람들은 세상의 중심은 바로 '나'라고 자신에게 속삭입니다. 이것은 곧 내가 우주의 시작과 끝이라는 뜻입니다. 과연 그렇습니까?

성경은 천지 만물이 스스로 생겨난 것이 아니라 하나님에 의해 창조되었다는 짧은 선언으로 시작합니다.

> 태초에 하나님이 천지를 창조하시니라_창 1:1

우리말로는 "태초에, 하나님이, 천지를, 창조하시니라"라는 네 어절이 전부이지만, 히브리어로는 '브레쉬트 바라 엘로힘 에트 하샤마임 브에트 하에레츠', 열한 단어가 쓰였습니다.

그중 일곱 단어가 "천지를"입니다. 명사, 접속사, 정관사, 지시사 등으로 이루어진 목적어 "천지를"은 정확히 번역하면 "하늘들(복수)과 땅(단수)을"입니다. 히브리인들은 하늘이 세 개 층으로 이루어져 있다고 믿었습니다. 노아의 홍수는 "하늘의 창문들"(창 7:11), 곧 궁창 위의 궁창이 열린 사건이고, 사도 바울은 자신이 "셋째 하늘에 이끌려"(고후 12:2) 간 적이 있다고 고백하기도 했습니다.

그러나 단어 수와 문법 외에는 아무것도 알 수 없습니다. 성경이 아무런 설명도 해 주지 않기 때문입니다. "태초에"가 언제인지, "하나님"은 누구이신지, "천지"는 어디부터 어디까지를 말하는 것인지, "창조"한다는 것이 무슨 뜻인지 알려 주지 않습니다. 이처럼 성경의 첫 번째 책의 첫 문장은 핵심 단어에 관한 설명은 하나도 없이 일방적인 선언이요 선포로 쓰였습니다. 대체 이 짧은 선언에서 우리는 무엇을 추론해낼 수 있을까요?

이성과 경험으로는 설명할 수 없는 일

복잡하게 생각할 것 없이 '오컴의 면도날'로 불필요한 요소들을 잘라내 봅시다. 부사어 "태초에"와 목적어 "천지를"을 떼고 나면, 주어 "하나님"과 동사 "창조하시니라"만 남습니다. "하나님이 창조하셨다." 성경은 여기서부터 시작합니다. 즉 성경 이야기 전체의 주어는 바로 "하나님"이란 것입니다. 성경은 하나님의 이야기요 하나님의 기록입니다. 인간은 스스로 자기 삶의 주인이 되기를 원하지만, 우리 삶은 천지를 지으신 하나님이 만물을 운행하시고 섭리하신다는 믿음의 고백에서부터 시작되어야 합니다.

그런데 도대체 누가 이 진리를 인간에게 가르쳐 주었을까요? 모세가 오경을 쓰기 시작한 3,500년 전, 고대 중근동 지역은 우상으로 가득 차 있었습니다. 하늘과 별은 숭배의 대상이었고, 강이나 산은 경배의 대상이었으며, 나무, 짐승, 심지어 벌레까지도 우상으로 섬기던 시절이었습니다. 그런 때에 누가 모세에게 이런 것을 가르쳐 주어 기록하게 하였느냐는 것입니다. 누군가에게서 계시받지 않았다면, 이 엄청난 진리를 모세가 어떻게 기록할 수 있었겠습니까?

디모데는 "모든 성경은 하나님의 감동으로 된 것"(딤후 3:16)이라고 말합니다. 그렇습니다. 성경은 성령의 감동으로 기록된 것이 틀림없습니다. "창조"는 인간의 생각으로 지어낼 수 있는 말이 아니기 때문입니다. 어떻게 인간이 "하나님이 창조하셨다"는 진리를 생각해 낼 수 있었겠습니까?

창세기 1장에 세 번 등장하는 "창조"의 히브리어 '바라'는 하나님께만 적용되는 단어입니다. 왜냐면 무(無)에서 유(有)를 만들어내는 것이 "창조"이기 때문입니다. 이것은 우리 생각 밖의 일입니다. 이성과 경험으로는 설명할 수 없는 일입니다. 창조를 온전히 받아들이는 길은 믿음밖에 없습니다. 태초의 순간을 본 사람이 아무도 없기 때문입니다.

그러므로 하나님을 부인하고, 복음을 거절하기 위해 하나님은 없다고 말할 필요가 없습니다. 어떻게 무에서 유가 생겨나느냐고 묻는 합리적이고도 이성적인 사고로 "창조"를 부인하면 됩니다. 창조를 부인하면, 하나님에 관해 성경이 기록한 모든 것이 부인됩니다. 창조에 맞서 진화를 주장하고, 진화를 진리로 믿어 보십시오. 인간은 원숭이에서 진화한 동물이라고 선언하고 받아들이는 순간, 진화론을 믿고 삶의 기준으로 삼는 순간, 하나님도 성경도 단숨에 부인되고 맙니다.

오늘날 교과서는 이미 진화론이 점령하여 세상은 하나님의 디

자인으로 창조된 것이 아닌 우연히 생겨나 진화로 발전되어 온 것이라고 가르칩니다. 우리는 진화론에 설득되어 세상일을 진화론적 관점에서 바라보고 해석하는 데 익숙해졌습니다. 심지어 역사조차도 진화론적 산물로 봅니다. 더 낫고 좋은 상태로 나아가는 것을 발전이라 하는데, 세상은 점점 더 발전해 나간다고 믿고 있는 것입니다. 실제로 큰 건물을 짓고, 긴 다리를 놓으면 발전했다고 말하고, 과학 기술의 발전을 역사의 진보로 설명하곤 합니다.

그런데 과연 그렇습니까? 세상살이가 점점 더 나아지고 있습니까? 우리는 계속해서 발전해 나가고 있습니까? 그렇다고 믿는 것은 진화론적 사고가 삶의 방식뿐 아니라 사고방식마저도 점령하고 있다는 방증일 뿐입니다.

정말로 진화론으로 모든 것을 설명할 수 있습니까? 진화론으로는 절대로 설명할 수 없는 것이 있습니다. 바로 시작점, 곧 근원에 관해서는 아무 말도 하지 못합니다. 지금까지 진화해 왔다고 말하는데, 대체 어디서부터 진화했다는 겁니까? 빅뱅(big bang) 이론으로 우주의 생성을 설명하는 것이 대세입니다. 약 137억 년 전, 초고온, 초고밀도 상태에 있던 어떤 물질이 대폭발을 일으켜 팽창해 나감으로써 우주가 생겨났다는 것입니다. 그런데 이 가정으로 모든 것이 설명됩니까? 초고온, 초고밀도 상태의 물질은 어디서부터 비롯된 것일까요? 대폭발은 누가 왜 일으킨 것일까요? 137억 년이라는 시간은 과연 정확할까요? 누가 이 현상을 관찰

했습니까? 빅뱅을 경험해 본 사람이 있습니까? 지구의 시간으로 태양계 너머, 은하계 너머의 사건을 측정할 수 있습니까? 시간 안에 있는 사람이 시간 밖에서 일어난 사건을 시점을 표시하여 설명하는 게 가능합니까? 설명한들 그게 무슨 의미가 있습니까?

그러고 보면, 과학만큼 믿음으로 출발하는 것도 없습니다. 과학 이론은 가설 이전에 믿음으로 시작됩니다. 많은 과학자가 창조를 부인합니다. 인간의 이성과 경험의 영역 너머에서 일어난 일이니 검증할 길이 없으므로 창조를 인정하지 않을 수 있습니다. 그런데 문제는 세상의 시작을 창조말고는 달리 설명할 길이 없다는 것입니다. 무에서부터 시작하지 않으면, 어떤 설명도 충분하지 않습니다. 유의 시작을 설명할 길이 없기 때문입니다. 세상의 근원은 어떤 노력으로도 설명할 길이 없습니다. 출발점을 설정할 수 없는 진화론으로는 시작을 설명할 수 없습니다.

그들은 왜 창조를 부정하는가?

신학자들은 창조를 어떻게 정의할까요? 미국의 개혁 신학자 루이스 벌코프(Louis Berkhof)는 자신의 저서 《조직 신학(Systematic Theology)》에서 창조를 이렇게 정의합니다.

"창조란 태초에 이미 존재하던 재료를 사용함이 없이 보이는 우주와 보이지 않는 우주를 만드시고, 하나님 자신과 구분되지만 항상 하나님께 의존하는 존재를 만드신 하나님의 자유로운 행위를 말한다."

이것을 아주 쉽게 말하자면, 보이는 것을 가지고 만들어 내는 것은 창조가 아니란 뜻입니다. 보이지 않는 재료를 가지고 보이는 것을 만들어 내시는 하나님의 자유로운 행위의 결과가 바로 창조입니다. 그러므로 창조의 개념을 받아들이지 않는 것은 곧 하나님을 부인한다는 뜻입니다.

창조를 부인하고 거부하는 사람들은 그리스도인들에게 창조를 증명해 보라고 채근합니다. 왜 우리가 하나님을 믿지 않는 사람들에게 하나님을 증명해 보여야 합니까? 만물을 창조하신 능력의 하나님이 날마다 우리를 붙드시고, 우리와 동행하시어 놀라운 삶을 살게 하심에 감사하며 평안하게 살면 그만입니다.

궁극적으로 만물의 시작을 설명할 수 없는데도, 그들은 도대체 왜 창조를 부정하고, 진화를 신뢰할까요? 하나님이란 존재가 불편하기 때문입니다. 하나님이 없어야 자기 마음대로 할 수 있는데, 하나님이 있으면 신경 쓰이지 않겠습니까? 이것만 봐도 하나님이 없다는 믿음은 역설적으로 하나님의 존재를 인정하는 것과 같습니다.

아직도 진화론이 과학이라고 생각합니까? 진화론은 하나의 이론일 뿐입니다. 과학적으로 검증된 사실이 아니라 가정에 불과하다는 뜻입니다. 급기야 하나님이 없어야만 안심이 되는 사람들은 놀라운 고집과 상상력으로 인류의 조상이 원숭이였다고 주장하다 못해 더 거슬러 올라가면 아메바에서 기원을 찾을 수 있다고 주장합니다. 종과 종 사이의 변화가 증명된 적이 없는데도 이 주장을 굽히지 않습니다. 진화의 중간 단계에 해당하지만, 화석으로는 한 번도 발견된 적이 없는 그 '잃어버린 고리'(missing link)는 대체 어디서 찾을까요? 그런 의미에서 진화론은 과학이 아니라 미신이고 과신입니다. 미신이란 '과학적·합리적 근거가 없는 것을 맹목적으로 믿는 믿음'이고, 과신이란 '자신의 생각을 지나치게 고집하는 믿음'입니다.

시편 기자가 그들에게 하는 말을 들어보십시오.

> 어리석은 자는 그의 마음에 이르기를 하나님이 없다 하는도다 그들은 부패하고 그 행실이 가증하니 선을 행하는 자가 없도다_시 14:1

시편 기자는 "하나님이 없다" 하는 사람들의 어리석음을 정확하게 꿰뚫어 보고 있습니다. 그는 계속해서 이렇게 진단합니다. "하나님이 없다"고 하는 사람들의 특징은 "부패"라고 밝힙니다. 하나님을 거부하는 사람들은 "그 행실이 가증"하다고 말해 줍니다. 하나님을 부인하면서도 선을 행하는 사람은 있을 수 없습니다. 하나님이 없는데, 선악의 기준이 어디 있습니까? 하나님을 부인하면, 선의 부재는 당연한 귀결입니다. 그리고 선이 없는 곳은 곧 악의 세상입니다. 악한 줄도 모르는 악이요 날마다 더 악해지는 악입니다. 빛이 없는 곳은 어둠이 채우고, 선이 없는 곳은 악이 채우기 마련입니다.

어찌하여 이방 나라들이 분노하며 민족들이 헛된 일을 꾸미는가 세상
의 군왕들이 나서며 관원들이 서로 꾀하여 여호와와 그의 기름 부음 받
은 자를 대적하며 우리가 그들의 맨 것을 끊고 그의 결박을 벗어 버리자
하는도다 하늘에 계신 이가 웃으심이여 주께서 그들을 비웃으시리로다

_시 2:1-4

하나님은 "하나님이 없다"고 말하는 사람들을 보면서 비웃으
십니다. 그런데 세상은 오히려 "하나님이 계시다"고 믿는 사람들
을 비웃습니다. 하지만 그리스도인들을 비웃는 그들이 속한 시간
과 공간은 태초에 하나님이 천지를 창조하심으로써 시작된 것들
입니다. 인간은 창조 사건을 명확하게 이해할 수 없으니 당연히
설명할 수도 없습니다.

예수님은 창세기 1장 1절의 선언을 이해하기 쉽게 가르쳐 주
십니다. "하늘에 계신 너희 아버지의 온전하심과 같이 너희도 온
전하라"(마 5:48)고 말씀하십니다. 우리 가운데 자기 혼자 힘으로
세상에 온 사람은 아무도 없습니다. 모두 부모를 통해 왔습니다.
예수님이 하나님을 "아빠 아버지"(막 14:36)로 부르신 것도 바로
이런 뜻입니다. 우리보다 먼저 하나님 아버지께서 계셨다는 것입
니다.

조직신학자 벌코프의 말대로 하나님은 '하나님 자신과 구분되
지만, 항상 하나님께 의존하는 존재'들을 창조하셨습니다. 예수
님은 이 의존을 사랑으로 표현하시며 구원이라 정의하십니다. 또

돌아온 탕자의 비유를 통해 하나님은 아담이 다시 하나님에게로 돌아오기를 바라신다고 말씀하십니다. 이 비유는 단순히 집 나갔던 아들이 아버지에게로 돌아오는 이야기가 아니라 온 피조물이 창조주 하나님에게로 돌아오는 사건의 비유인 것입니다.

타락한 인간은 하나님에게서 벗어나 스스로 하나님처럼 되는 것이 자유라고 착각합니다. 그래서 자기 의지로 하나님을 떠납니다. 자기 힘으로 해낼 수 있고, 자기가 가진 것으로 살아갈 수 있다고 선언합니다. 혼자서도 모든 것을 이룰 수 있다고 떠벌리지만, 그 결과는 비참합니다. 그가 가진 것은 한정된 자원뿐이기 때문입니다. 결국 그는 돼지우리에서 돼지가 먹는 쥐엄 열매로 배를 채우는 신세가 되고 맙니다.

그런 삶에서 탈출하는 것이 바로 구원이요 엑소더스(Exodus), 곧 출애굽입니다. 자신이 어디서 왔는지 기억을 더듬어 뿌리를 찾는 데서부터 구원은 시작됩니다. 자신이 누구와 연결되어 있는지를 알아야 하기 때문입니다. 결국 구원의 시작은 창조주를 아는 데서부터 시작됩니다. 그래야 장차 자신의 존재가 유에서 무로 환원될 때, 창조주와 연합될 것을 알 수 있습니다.

창조주 하나님을 믿는다는 것

성경은 왜 창조 사건으로 이야기를 시작합니까? 창조가 기준이기 때문입니다. 하나님이 만물을 창조하셨다면, 우리가 소유권을 주장할 일이 있겠습니까? 따라서 하나님의 창조하심을 진심으로 받아들이면 소유권으로부터 자유하게 됩니다. 또 믿음으로 고백하면 삶에 질서가 잡힙니다.

"태초에 하나님이 천지를 창조하시니라"(창 1:1).

이보다 더 위대한 선언이 없고, 이보다 더 장엄한 선포가 없으며 이보다 더 아름다운 사건이 없습니다. 더불어 이보다 더 위대한 앎이 없습니다.

그런데 이것을 어떻게 알 수 있습니까? 하나님이 알려 주시지 않으면, 우리는 알 길이 없습니다. 창조주 하나님이 자신을 드러내시는 계시에는 두 가지가 있습니다. 첫째, 일반 계시입니다. 하나님은 천지 만물을 통해 "하나님을 알 만한 것"(롬 1:19)들을 보여 주십니다.

어떤 사람이 하와이에서 구름 하나 없는 맑은 밤하늘을 올려다보는데, 어린 시절에 봤던 하늘이 떠올라 눈물이 나올 만큼 기뻤다고 합니다. 그때나 지금이나 하늘의 아름다움은 변함이 없더라는 것입니다. 인간이 만든 것은 시간이 갈수록 부패하고 상하는데, 하나님이 만드신 것은 아무리 긴 시간이 지나도 상하지 않고 여전히 아름답습니다. 이것이 하나님의 창조이며 일반 계시입니다.

둘째, 창조주 하나님은 예수 그리스도라는 특별한 계시를 우리에게 보여 주십니다. 예수님은 말씀이신 하나님의 성육신입니다. 보이지 않는 신성이 육신의 모습으로 우리 눈앞에 모습을 드러내셨습니다. 시간과 공간 너머에 계시는 분이 시간과 공간 안으로 들어오신 것입니다. 예수님을 통해 피조 세계를 어떻게 인도하실지 말씀해 주시고, 보여 주셨습니다. 천지 만물을 만드신 삼위일체 하나님이 우리를 재창조하시기 위해 어떻게 하실 것인지를 말씀해 주셨고, 실제로 거듭남을 통해 재창조해 주셨습니다.

구원은 창조주의 재창조 사역입니다. "하나님이 천지를 창조하시니라"라는 말씀이 믿어지지 않으면, 구원을 받아들일 수 없습니다. 창조가 믿어지지 않으면, 구원은 내 사건이 되지 않습니다. 십자가의 사랑을 받아들이지 못하면, 구원은 한낱 개념에 불과하게 됩니다. 결과적으로 인생에 아무런 능력도 나타나지 않습니다. 나 자신이 하나님의 소유로 거듭나는 것이 구원입니다. 만물은 창조주 하나님의 소유이므로 이 땅에 내 것은 없다는 사실을 아는 것이 구원입니다.

하나님의 창조를 믿는 것은 하나님의 주인 되심을 인정하는 것입니다. 인생의 주인 또한 내가 아니라 하나님이심을 인정해야 합니다. 이 세상을 개선하거나 개혁하는 주체가 내가 아니라는 사실을 자각해야 합니다. 우리 몸의 치유도 그렇습니다.

옛날에 큰 교통사고를 당해서 갈빗대가 다 부러진 적이 있습니다. 의사에게서 놀랄 만한 이야기를 들었습니다. 금이 가고 부러진 갈빗대가 스스로 붙을 때까지 기다려야 한다는 것입니다. 자연 치유가 되도록 기다리는 것이 처방이라니…. 반신반의하며 가만히 누워 있었는데, 사흘쯤 지나자 등이 쪼개질 것처럼 아파 왔습니다. 그런데도 꼼짝 말고 누워 있으라고 하니, 가만히 누워 있는 것이 그렇게 힘들고 고통스러운 일인지 미처 몰랐습니다.

그러다가 신기한 경험을 했습니다. 음식을 제대로 먹지 못한 채 열흘 이상 누워 있는 동안에 내 속에서 무엇인가 생명이 꿈틀거리는 것 같은 느낌이 들기 시작했고, 몸의 세포와 기관들이 점점 회복되는 것을 느꼈습니다. 그때는 하나님을 거부하던 때였는데, 훗날 돌이켜보니 내가 하나님을 믿지 않던 그때도 하나님은 내 생명을 지켜 주셨을 뿐만 아니라 온전히 회복시켜 주셨다는 것을 깨달았습니다.

보이는 세계의 배후

하나님을 거부하는 인간은 세상을 지옥으로 만들기 시작합니다. 빛의 부재가 어둠이듯이 하나님의 부재는 곧 악이기 때문입니다. 하나님의 창조를 부인하는 순간, 인간은 모든 것에 자기 소유권을 주장하게 됩니다. 인간의 모든 갈등은 사실 소유권 다툼입니다. 가정에서 부부가 갈등하고, 형제자매가 갈등합니다. 모두가 하나님의 것이라고 인정하면 다투지 않아도 될 텐데, 저마다 자기 것이라고 주장하니 갈등은 필연적입니다. 심지어 십자가를 세워 놓은 교회 건물을 두고 목회자와 성도들 간에 서로 자기 것이라고 주장하며 다투기도 합니다.

하나님의 것을 놓고 왜 사람들끼리 다툽니까? 창조에서 벗어났기 때문입니다. 내가 공부해서 얻은 지식이라도 내 것이 아니라면, 내 행복을 추구하는 데 쓰지 않습니다. 기꺼이 남에게 나누어 줄 수 있어야 합니다. 아예 남에게 주기 위해서 공부하고, 남을 돕기 위해서 직업을 갖는 사람들도 있습니다. 하나님의 소유권을 분명히 인정하기 때문에 가능한 일입니다.

인간은 하나님의 형상을 닮은 피조물입니다. 하나님을 나타내는 히브리어 '엘로힘'은 단수가 아닌 복수적 단수라는 사실에 주목해야 합니다. 이것은 히브리인들의 독특한 표현입니다. 손가락은 다섯 개이지만, 손은 하나입니다. 우리는 복수적 단수인 '엘로힘'에서 삼위일체 하나님의 본질을 발견합니다. 성부 하나님, 성자 하나님, 성령 하나님은 삼위이면서 동시에 한 분이십니다.

하나님의 주권을 인정하면, 우리는 걱정과 염려에서 벗어납니다. 우리는 모르지만, 하나님은 다 아시기 때문입니다. 하나님이 바로잡아 주실 것을 믿고 하나님께 맡겨 드리면, 하나님이 새롭게 하십니다. 창조주이시니 그분 손에 내어 드리면 무엇이건 바로 고치실 수 있습니다. 그러므로 내 힘과 내 생각으로 다른 사람을 고치려고 노력할 필요가 없습니다. 내가 고치면 기껏해야 내 수준입니다. 하나님이 고치시면 하나님의 수준입니다.

직장에 들어가서 가장 빨리 적응하는 사람들의 특징이 있습니다. 그들은 무슨 일이건 물어보고, 확인하며 일합니다. 일의 주도권이 상사에게 있음을 아는 것입니다. 최종 결정권자의 뜻을 확인하는 일이 무엇보다도 중요합니다. 신앙의 길도 마찬가지입니다. 하나님의 주권과 소유권을 인정하는 것이 바른 출발점입니다. 그래서 무슨 일이건 주님께 물어보고, 확인하는 사람이 가장 빨리, 그것도 가장 제대로 가는 사람입니다.

갈수록 더 좋아질 것이라는 진화론적 생각은 허상입니다. 창조는 그와 반대로 태초가 좋았다고 가르칩니다. 인간은 발전하지 않습니다. 중후장대해지는 것은 발전이 아닙니다. 그냥 무거워지고, 두터워지고, 길어지고, 커지는 것일 뿐입니다. 인간은 역사가 점점 좋은 쪽으로 나아가고 있다고 생각하지만, 실은 자연을 희생시키고 훼손하는 대가로 다수가 이른바 '발전이라고 지칭하는 변형'을 초래한 것에 지나지 않습니다. 그 결과 자연의 역습은 이미 시작되었습니다. 그동안 인간은 기회비용을 망각하고 있었지만, 자연을 되돌릴 수 없을 만큼 훼손하고 나면, 결국 인간은 존립의 근거를 잃게 될 것입니다.

그러므로 태초가 좋았다는 사실을 기억하는 것이 중요합니다. 창조는 보이는 세계의 배후에 관한 관심을 불러일으킵니다. 창조의 인정은 하나님을 향한 경외심과 맞닿아 있습니다. 두렵고 떨리는 마음으로 하나님의 말씀 앞에 나아가게 하며, 인간을 겸손하게 만듭니다.

하나님이 천지를 창조하신 태초의 현장에 있었던 사람은 아무도 없지만, 우리는 창조주 하나님이 천지 만물을 지으셨다는 사실을 압니다. 어떻게 알 수 있습니까? 히브리서 기자의 통찰력이 담긴 말씀을 살펴보십시오.

> 믿음으로 모든 세계가 하나님의 말씀으로 지어진 줄을 우리가 아나니 보이는 것은 나타난 것으로 말미암아 된 것이 아니니라_히 11:3

창조주를 안다는 것, 창조 사건을 믿는다는 것은 보이는 것의 근원이 결코 나타난 것으로 말미암지 않는다는 것을 아는 것입니다. 보이는 것은 빙산의 일각이요 잠시일 뿐입니다. 우리 몸의 세포가 60조 개라는 사실이 믿어집니까? 더구나 우리 몸속에 있는 모든 미생물의 수는 무려 120조에서 500조에 이른다는 사실이 믿어집니까? 세상에 관해 알면 얼마나 알겠습니까? 이 땅에 "보이는 것은 나타난 것으로 말미암아 된 것이" 아니라는 사실을 잊지 마십시오.

우리가 신앙의 기초, 믿음의 기초로 삼아야 할 말씀이 있습니다. 이 구절만큼은 꼭 기억하십시오.

> 태초에 하나님이 천지를 창조하시니라_창 1:1

하나님이 세상을 시작하셨습니다. 그러니 하나님이 마치실 것입니다. 가장 위대한 행동은 무엇을 하거나 무엇을 이루는 것이 아닙니다. 창조주 하나님께 돌아가는 것, 그분을 알아가는 것, 그분을 인정하는 것이야말로 위대한 일입니다. 내가 누구인지를 아는 것이 위대한 일입니다.

　창조주 하나님 앞에 엎드려 경배하십시오. 우리는 모두 그분
의 피조물입니다. 그래서 평등하고, 그래야 하나 될 수 있습니다.
창조주 안에서 우리는 모두 평등해지고, 한 분 하나님을 의지한
다는 사실 앞에 설 때만이 인간이 겸손해집니다.

하나님의 창조를 믿는 것은
하나님의 주인 되심을 인정하는 것이다.

2

창조와 성령님은
무슨 상관인가?

성령님이 운행하시다

창 1:2-5

창세기는 시작에 관한 책입니다. 모든 것의 시작을 알려 줍니다.

태초에 하나님이 천지를 창조하시니라_창 1:1

세상은 하나님에 의해 시작되었고, 시작은 곧 근본을 의미합니다. 그러므로 창세기는 모든 것의 근본을 밝혀 주는 책입니다.

작은 프로그램 하나를 시작해도 디폴트 값(default value)이라고 하는 기본 설정이 있습니다. 사용자가 값을 정하기 전에는 시스템 자체에서 미리 정한 값이 나옵니다. 디폴트 값은 시작점이자 기준입니다. 무슨 문제가 생기면, 디폴트 값으로 돌리면 해결되지 않습니까? 작은 프로그램, 작은 기계에도 이런 기본 설정이 있는데, 하물며 하나님이 우주를 창조하시는데, 디폴트 값을 설정해 두지 않으셨겠습니까?

알베르트 아인슈타인(Albert Einstein)은 바로 이 점에서 하나님의 존재를 인정할 수밖에 없었습니다. 그는 "하나님은 마술사가 아니라 과학자"(God is a scientist, not a magician)라고 말합니다. 그가 상대성 이론을 바탕으로 우주를 연구한 뒤에 내린 결론입니다. 태초에 하나님이 설정해 놓으신 디폴트 값을 인정하지 않을 수가 없었던 것입니다.

지구는 태양을 중심으로 공전하는데, 공전 궤도에 약 23.5도가 기울어진 상태에서 자전합니다. 자전축이 기운 덕분에 사계절의 변화를 볼 수 있고, 태양과의 거리가 1억 5천만km쯤 떨어져 있기에 생명 유지가 가능합니다. 이것이 디폴트 값입니다. 자연에 입력된 디폴트 값은 이뿐이 아닙니다. 우리가 숨 쉬는 공기는 일종의 혼합기체로 약 78%의 질소와 21%의 산소와 0.9%의 아르곤 그리고 비활성 기체 및 수증기 등으로 이루어져 있습니다. 산소의 비율은 정확히 21%여야 합니다. 100%면 산소 중독에 걸리고, 16%에서는 불이 꺼지고, 10%가 되면 의식 불명이 되며, 6~8%가 되면 6분 안에 사망할 가능성이 50%, 8분이면 100% 사망하게 됩니다. 이처럼 우리는 정교한 디폴트 값을 전제로 살아갑니다. 그런데도 우주가 빅뱅, 즉 대폭발로 탄생했으며 생명체는 화학적 결합으로 우연히 생겨나서 진화하고 있다는 말이 믿어집니까?

창세기는 세상이 하나님을 근본으로 삼지 않을 때, 어떤 문제가 일어날 수 있는가를 보여 주는 동시에, 피조 세계에서 벌어진 문제를 어떻게 해결해 나가야 할지를 보여 줍니다. 태초에 하나님이 설정하신 디폴트 값을 보여 주는 것입니다. 이것을 인정해야만 인생이 고장 나도 돌아갈 곳이 있습니다. 인생의 모든 비밀은 하나님으로부터 시작해야 풀리기 때문입니다.

하나님이 창조하신 천지의 밑그림

"태초에 하나님이 천지를 창조하시니라"(창 1:1). 이 놀라운 선언을 믿음으로 받아들이는 데서부터 신앙은 시작됩니다. 성경은 "여호와를 경외하는 것이 지혜의 근본"(잠 9:10)이라고 말합니다. 곧 창조주 하나님을 경외하는 것이 지혜의 근본이라는 뜻입니다. 하나님의 창조 사역을 모르면, 근본 없는 인생이 됩니다. 그저 방황하며 살게 됩니다.

그러므로 믿음의 시작은 회복의 시작이며 구원의 시작입니다. 이것이 창조 사역의 첫 번째 놀라운 비밀입니다. 두 번째 비밀은 하나님의 창조 사역에 성령님이 함께하셨다는 사실입니다.

땅이 혼돈하고 공허하며 흑암이 깊음 위에 있고 하나님의 영은 수면 위에 운행하시니라_창 1:2

하나님이 천지를 창조하셨는데, 땅은 "혼돈하고 공허"한 상태입니다. '혼돈하다'는 것은 천지의 틀이 아직 잡히지 않았고, 형태가 갖춰지지 않았다는 뜻입니다. '공허하다'는 것은 천지를 채울 것들이 아직 없다는 것을 의미합니다. 채워져야 할 것들이 채워지지 않은 상태, 곧 비어 있는 상태를 뜻합니다.

천지가 왜 혼돈하고 공허한가에 관한 논란이 있는데, 두 가지 주장이 있습니다. 하나는 다른 영적 존재가 타락함으로써 나타난 상태를 가리키는 것이라는 주장이고, 다른 하나는 창조의 순서를 나타내는 묘사일 뿐이라는 주장입니다. 다수 의견은 일종의 2단계 창조설이라고도 할 수 있는 두 번째 주장을 따릅니다.

또 성경은 "흑암이 깊음 위에" 있다고 말합니다. 하나님이 창조하신 천지의 밑그림은 "혼돈"과 "공허"와 "흑암"으로 이루어져 있음을 알 수 있습니다.

"깊음"으로 번역된 히브리어 '테홈'은 '깊은 바닷속에서 솟아나는 물 또는 심연'을 가리킵니다. 요한계시록에서 주로 언급되는 "무저갱"(the Abyss)과 같은 뜻입니다. 그러나 여기서는 "하나님의 영", 즉 성령이 "수면 위에 운행"하신다고 한 것으로 보아 '깊은 바닷속에서 솟아나는 물'로 해석해야 할 것입니다. '운행하다'로 번역된 히브리어 '라하프'는 '알을 품다, 날개 치다, 움직이다, 흔들다'라는 뜻으로 흔히 수면 위로 운행하시는 성령의 모습이 닭이 알을 품는 것과 같았다고 설명하지만, 그보다는 보금자리에서 새끼를 품는 새의 미세한 날갯짓을 뜻한다고 보는 편이 더 적합합니다. 이런 뜻으로 쓰인 곳이 구약 성경에 딱 한 군데 더 있습니다.

마치 독수리가 자기의 보금자리를 어지럽게 하며 자기의 새끼 위에 너풀거리며 그의 날개를 펴서 새끼를 받으며 그의 날개 위에 그것을 업는 것 같이 여호와께서 홀로 그를 인도하셨고 그와 함께 한 다른 신이 없었도다_신 32:11-12

신명기 기자는 하나님이 이스라엘 백성들을 광야에서 불기둥과 구름 기둥으로 인도하신 것을 독수리가 새끼에게 비행을 가르치려고 자기 날개 위에 새끼를 얹는 모습에 비유했습니다. 비행 훈련을 시킨다는 것은 새끼가 독립된 개체로 성장하도록 돕는다는 뜻입니다. 독수리가 날개를 너풀거리며 자기 새끼 위를 빙빙 도는 모습은 성령이 수면 위에 운행하시는 모습을 더욱 사실적으로 나타냅니다. 즉 하나님이 천지를 창조하신 모습과 이스라엘 백성을 애굽에서 인도하여 구원하신 모습이 다를 바 없다는 뜻입니다.

또 성령이 마가의 다락방에는 어떤 모습으로 임하셨습니까? 하늘로부터 바람 소리를 내며 각 사람 머리 위에 불처럼 임하여 너풀거리셨습니다(행 2:2-3). 예수님이 니고데모에게 "물과 성령으로"(요 3:5) 거듭나야 한다고 말씀하신 것은 성령이 바로 이런 식으로 각 사람에게 임하셔야만 새 생명으로 태어날 수 있다는 뜻이었습니다. 성령이 임하셔야 창조가 일어나기 때문입니다. 성령은 하나님의 창조 사역에 언제나 함께하셨고, 태초에 천지가 창조될 때부터 지금까지 그 사역을 계속해 오고 계십니다.

성부로부터, 성자를 통해, 성령 안에서

요한복음은 예수님도 창조 사역에 동참하셨다고 기록합니다.

그가 태초에 하나님과 함께 계셨고 만물이 그로 말미암아 지은 바 되었으니 지은 것이 하나도 그가 없이는 된 것이 없느니라_요 1:2-3

예수님은 태초에 하나님과 함께 계셨고, 만물이 예수님을 통해 창조되었습니다. 그때 성령은 어디에 계셨습니까? 수면 위에 운행하고 계셨습니다. 천지가 창조될 때, 삼위 하나님이 함께 일하고 계셨던 것입니다. 또 한 장면이 있습니다.

예수께서 세례를 받으시고 곧 물에서 올라오실새 하늘이 열리고 하나님의 성령이 비둘기같이 내려 자기 위에 임하심을 보시더니 하늘로부터 소리가 있어 말씀하시되 이는 내 사랑하는 아들이요 내 기뻐하는 자라 하시니라_마 3:16-17

예수님이 요단강에서 세례를 받고 올라오실 때, 하늘에서 성령이 비둘기같이 임하셨고, 하늘에서 "이는 내 사랑하는 아들이요 내 기뻐하는 자"라는 음성이 들렸습니다. 메시아의 탄생 순간을 삼위 하나님이 한자리에 계시는 그림으로 보여 주는 듯합니다. 창조의 순간은 어떤 모습이었겠습니까? 고린도전서 8장을 한번 보십시오.

그러나 우리에게는 한 하나님 곧 아버지가 계시니 만물이 그에게서 났고 우리도 그를 위하여 있고 또한 한 주 예수 그리스도께서 계시니 만물이 위대한 창조의 그림을 통해 삼위 하나님의 역할을 알게 됩니다. 마틴 로이드 존스(Martyn Lloyd Jones)는 "창조는 성부로부터(from God the Father) 성자를 통해(through God the Son) 성령 안에서(in God the Holy Spirit) 이루어졌다"고 말했습니다. 즉 성부 하나님의 창조 사역과 성자 예수님의 구원 사역과 성령 하나님의 새 창조 사역은 그 과정과 섭리가 본질상 같다는 뜻입니다. 구원이란 "흑암" 가운데 살던 사람이 빛으로 나아가는 것이고, "혼돈" 가운데 있다가 질서로 나아가는 것이며 "공허"하던 인생이 의미로 채워지는 것입니다.

성령이 수면 위에서 날갯짓으로 생명을 잉태하는 모습을 환상으로 본 선지자가 있습니다. 바로 에스겔입니다. 그는 골짜기에 가득한 마른 뼈가 일어나 군대가 되는 환상을 봤습니다. 성령에 이끌리어 죽은 자들이 살아나는 환상을 본 것입니다(겔 37:1-10).

하나님은 마른 뼈들에 생기를 불어넣어 주시고, 그 뼈들이 살아나는 것을 보고 "내가 여호와인 줄 너희가 알리라"(겔 37:6)라고 말씀하십니다. 여기서 "생기"로 번역된 히브리어 '루아흐'는 태초에 수면 위를 운행하시던 성령, 곧 생명의 영을 뜻합니다. 하나님은 영원하시고, 성령도 영원하십니다. 동일한 하나님이시기 때문입니다. 창조 때 천지를 품으신 성령은 지금도 마른 뼈와 같은 우리 안에 들어와 새 생명을 주십니다. 우리 모두에게 마른 뼈들을 살리는 '루아흐'(생기)로서의 성령, 곧 예수님이 제자들에게 보내겠다고 약속하신 "또 다른 보혜사"(요 14:16)이자 "진리의 영"(요 14:17)인 '프뉴마'로서의 성령이 꼭 필요합니다.

신앙이란 자기 존재의 근원을 밝히는 것입니다. 그러므로 근본을 놓치면, 인생의 근본이 사라지게 되어 있습니다. 인생이 왜 이렇게 혼돈합니까? 왜 우리는 빛이 아닌 흑암 속으로 빠져들고 있습니까? 왜 뭘 해도 만족이 없고 불안하기만 합니까? 왜 속이 늘 채워지지 않은 듯 헛헛할까요? 하나님을 부인하고, 거절하기 때문입니다. 성령이 오셔서 우리를 채워 주지 않으시면, 우리 인생은 혼돈하고 공허하며 흑암 가운데 무의미하게 배회할 수밖에 없습니다.

부활하신 예수님은 제자들에게 "예루살렘을 떠나지 말고 내게서 들은 바 아버지께서 약속하신 것을 기다리라"(행 1:4)고 말씀하셨습니다. 예수님과 3년을 동고동락했으면서도 결정적인 순간에는 예수님을 떠나고, 배반하고, 심지어 팔아 버리기까지 한 제자들입니다. 예수님은 그들에게 재창조의 시간을 거쳐야만 한다는 것을 말씀하셨습니다. 그래서 마가의 다락방에 모여 전심으로 기도하며 기다리라고 말씀하신 것입니다. 오순절 날, 드디어 성령이 "홀연히 하늘로부터 급하고 강한 바람 같은 소리"를 내며 오시어 태초에 수면 위에 운행하셨던 것처럼 각 사람 위에 "불의 혀처럼" 임하셨습니다. 그때 비로소 교회가 탄생하지 않았습니까?

성령의 재창조 역사로 탄생한 것이 바로 교회입니다. 교회는 인간의 제도가 아니요 건물도 아닙니다. 성령이 오시지 않으면, 교회란 있을 수 없습니다.

빛과 어둠이 구별되다

어른이 잠시 자리를 비워도 아이들은 순식간에 온 집안을 어지럽히는 놀라운 능력이 있습니다. 장난감을 갖고 놀다가 싫증나면 아무 데나 버리고, 제자리에 있어야 할 것을 자기가 원하는 자리에 둡니다. 이처럼 인간은 하나님이 두신 자리가 아닌 엉뚱한 곳에 제멋대로 옮겨 놓는 재주가 있습니다. 이것이 바로 혼돈입니다. 원래 있어야 할 제자리를 찾을 때까지 내내 혼돈입니다.

하나님이 이르시되 빛이 있으라 하시니 빛이 있었고_창 1:3

하나님은 혼돈한 땅에 "빛이 있으라" 명령하셨습니다. 하나님의 말씀은 빛이요, 빛은 하나님의 본질입니다. 하나님이 말씀하시면, 본질이 드러납니다. 빛이 임하면, 혼돈이 정리되고 질서가 잡힙니다. 빛은 혼돈과 공허가 사라지도록 하는 하나님의 능력입니다.

오늘날 정신 질환을 앓는 사람이 왜 이토록 급속하게 증가하고 있을까요? 혼돈과 공허와 흑암 때문입니다. 하나님을 떠나 길을 잃은 채 무질서와 무의미와 짙은 어둠 속에서 헤매기 때문입

니다. 빛 가운데로 걸어가지 않고, 빛이 두려운 나머지 스스로 어
둠을 택한 결과입니다.

> 예수께서 대답하시되 낮이 열두 시간이 아니냐 사람이 낮에 다니면 이
> 세상의 빛을 보므로 실족하지 아니하고 밤에 다니면 빛이 그 사람 안에
> 없는 고로 실족하느니라_요 11:9-10

예수님은 사람 안에 빛이 없다고 말씀하십니다. 빛은 밖에서
들어와야 합니다. 그래서 새 생명을 주시는 성령의 빛을 비추어
주시겠다는 것입니다. 이 빛을 거저 받으라고 하십니다. 성령이
오실 때까지 예루살렘을 떠나지 말고, 기도하라고 하십니다. 성
령이 오셔야 비로소 우리는 빛 가운데 거하게 됩니다. 사방이 환
해지고, 두려움이 사라집니다. 믿음이란 "빛이 있으라"고 하신 분
이 내 안에 빛으로 오셔서 나와 동행하시는 사건입니다. 그럼으
로써 더 이상 어둠 속에 헤매지 않게 됩니다.

그러나 세상은 우리에게 무어라 말합니까? 명상을 통해 자기
안에 있는 빛을 발견하라고 부추깁니다. 오늘날 인간은 자신감에
차 있습니다. 스스로 어둠을 밝히고 있다고 생각합니다. 그런데
정말로 세상이 50년 전보다 더 밝아졌습니까? 캄캄한 지하실도
전등 스위치만 켜면 얼마든지 밝힐 수 있는 세상이 되기는 했습
니다. 적어도 물리적으로는 어둠 속에 살지 않아도 됩니다만, 세
상에서 일어나는 일들을 보면 온통 혼돈과 공허와 흑암으로 가득

합니다. 사방이 짙은 어둠에 싸여 혼돈하고, 삶은 공허합니다. 왜 그렇습니까? 빛을 거부하기 때문입니다.

세상은 "빛이 있으라"고 말씀하신 분을 거절합니다. 하나님을 인정하지 않는 것은 빛 대신 어둠을 택하는 것과도 같습니다. 예수님을 거절하는 것은 실족할 수밖에 없는 어둠의 길을 걷는 것입니다. 바로 가룟 유다의 길입니다. 그는 진리의 말씀보다 돈을 택함으로써 짙은 어둠 속 죽음의 길로 달려갔습니다. 빛과 어둠은 공존하지 못합니다. 생명의 빛이 임해야 죽음의 어둠이 물러갑니다.

빛이 하나님이 보시기에 좋았더라 하나님이 빛과 어둠을 나누사_창 1:4

하나님이 "빛이 있으라" 명령하시자 빛이 임했고, 그 빛은 하나님이 보시기에 좋았습니다. 창세기 1장에 "보시기에 좋았더라"라는 표현이 마치 후렴구처럼 일곱 번 반복됩니다. 하나님이 지으신 것은 누가 봐도 다 좋습니다. 보면 볼수록 감동이 있고, 싫증 나지 않습니다. 왜 하나님이 만드신 것은 다 좋을까요? 하나님은 좋으신 분이기 때문입니다. 하나님이 선하시므로, 하나님으로부터 비롯된 모든 것이 다 선합니다.

"빛과 어둠을" 나누셨다는 말은 이제부터 빛과 어둠이 구별된다는 뜻입니다. 빛과 어둠은 섞일 수 없습니다. 진짜가 나타나면 가짜가 드러나고, 정말 좋은 것이 나타나면 덜 좋은 것이 구별되는 법입니다. 하나님의 백성은 하나님을 거부하는 백성과 구별될 수밖에 없습니다. 함께 어우러져 살긴 하지만, 같지는 않습니다.

세상 사람들이 왜 예수 믿는 사람들을 싫어할까요? 그들은 성경도 싫어하고, 찬양도 싫어하고, 기도도 싫어합니다. 대부분 왜 싫은지도 모른 채 무조건 싫다고 합니다. 분명히 그들이 보기에 좋은 점이 있어도, 그 좋은 것조차 싫다고 말합니다. 왜냐하면 어둠의 자식은 빛의 자녀를 싫어하기 때문입니다.

조직 안에 예수님을 제대로 믿는 사람이 나타나면 다들 싫어합니다. 음란한 얘기를 주고받아야 하는데, 그런 사람이 옆에 있으면 머쓱해지기 때문입니다. 부패한 조직에 청렴한 사람이 나타나면 미움받습니다. 내가 더러우면 깨끗한 것이 싫고, 내가 깨끗하면 더러운 것이 싫듯이 빛과 어둠은 함께하지 못합니다.

출애굽기는 이스라엘 백성과 애굽 백성이 빛과 어둠으로 나뉘는 그림을 보여 줍니다.

이스라엘 진 앞에 가던 하나님의 사자가 그들의 뒤로 옮겨 가매 구름 기둥도 앞에서 그 뒤로 옮겨 애굽 진과 이스라엘 진 사이에 이르러 서니 저쪽에는 구름과 흑암이 있고 이쪽에는 밤이 밝으므로 밤새도록 저쪽이 이쪽에 가까이 못 하였더라_출 14:19-20

이스라엘을 지키는 하나님의 사자가 움직이는 대로 구름 기둥이 따라 움직입니다. 구름 기둥이 이스라엘 진과 애굽의 진을 갈

라놓자 애굽 쪽에는 "구름과 흑암"이 있고, 이스라엘 쪽에는 빛이 있습니다. 밤새 빛이 비추어 주니 애굽의 진이 이스라엘 진 쪽으로 다가가지 못합니다. 지금도 하나님은 자기 백성을 이처럼 지켜 주신다는 사실을 잊지 마십시오.

하나님이 만드신 정교한 시스템

지금까지 우리가 짙은 어둠 속에서 길을 잃지 않고 살아온 것은 빛이신 하나님의 은혜임을 기억해야 합니다. 예수님은 온 땅에 구원의 빛을 비추어 주러 오셨습니다. 예수님은 "눈이 나쁘면 온 몸이 어두울 것이니 그러므로 네게 있는 빛이 어두우면 그 어둠이 얼마나 더하겠느냐"(마 6:23)고 물으십니다.

사도 요한은 빛이신 예수님을 우리에게 가장 분명하게 전달해 줍니다.

그 정죄는 이것이니 곧 빛이 세상에 왔으되 사람들이 자기 행위가 악하므로 빛보다 어둠을 더 사랑한 것이니라_요 3:19

예수께서 또 말씀하여 이르시되 나는 세상의 빛이니 나를 따르는 자는 어둠에 다니지 아니하고 생명의 빛을 얻으리라_요 8:12

예수께서 이르시되 아직 잠시 동안 빛이 너희 중에 있으니 빛이 있을 동

안에 다녀 어둠에 붙잡히지 않게 하라 어둠에 다니는 자는 그 가는 곳을 알지 못하느니라_요 12:35

나는 빛으로 세상에 왔나니 무릇 나를 믿는 자로 어둠에 거하지 않게 하려 함이로라_요 12:46

예수님을 믿는다는 것은 빛으로 오신 주님과 동행하는 삶을 산다는 것입니다. 더 이상 어둠에 붙잡혀 있을 이유가 없습니다.

하나님이 빛을 낮이라 부르시고 어둠을 밤이라 부르시니라 저녁이 되고 아침이 되니 이는 첫째 날이니라_창 1:5

하나님은 빛과 어둠을 나누시고, "낮"과 "밤"이라 명명하십니다. 누군가의 이름을 짓는다는 것은 그가 내 책임 아래 있다는 뜻입니다. 즉 하나님이 낮과 밤을 주관하심을 의미합니다.

예수님은 승천하시기 전에 "하늘과 땅의 모든 권세를"(마 28:18) 받았으니 "너희는 가서 모든 민족을 제자로 삼아 아버지와 아들과 성령의 이름으로 세례를 베풀고 내가 너희에게 분부한 모든 것을 가르쳐 지키게 하라"(마 28:19-20)고 말씀하셨습니다. 낮과 밤의 모든 권세가 예수님 아래 있음을 의미합니다. 그 모든 권세를 가지신 예수님이 "세상 끝날까지 너희와 항상 함께 있으리라"(마 28:20)고 약속하신 것입니다. 얼마나 놀라운 약속입니까?

얼마나 설레고, 또 얼마나 안심됩니까.

창조의 시작으로 "빛이 있으라" 하시고, 빛과 어둠을 나누어 낮과 밤이라 칭하시고 나니 "저녁이 되고 아침이" 되었습니다. 이것이 첫째 날입니다. 보십시오. "저녁"이 먼저 옵니다. 빛이 거하다가 저녁이 되고, 다시 아침이 되는 순환을 "날"이라 부릅니다.

이 "날"에 관한 해석이 사람마다 다릅니다. 하루 24시간으로 해석하는 사람도 있고, 아직 해와 달이 생기기 전인데 어떻게 해의 움직임을 기준으로 한 24시간으로 생각할 수 있느냐며 이것은 가늠할 수 없는 긴 시간을 뜻한다고 주장하는 사람도 있습니다. 또는 "두 큰 광명체"(창 1:16)를 만들기 전인 셋째 날까지는 하루가 아주 오랜 시간을 뜻하지만, 해와 달을 지으신 넷째 날부터는 하루 24시간을 뜻한다고 해석하는 혼합설도 있습니다.

그러나 이런 논란에 휩쓸릴 필요는 없습니다. 태초의 일은 어디까지나 창조의 비밀입니다. 창조는 우리가 확연히 밝힐 수 있는 과학적 사건이 아닙니다. 이것을 규명하느라 믿음을 잃지는 마십시오. 창조는 하나님의 영역이니 인간의 경험과 과학적 탐구의 한계 밖에 있는 일임을 명심하십시오.

무엇보다도 창조주 하나님이 피조 세계에 디폴트 값을 정해 놓으셨다는 사실을 기억하십시오. 자연이 이렇게 정교한 시스템으로 운영되는데, 어떻게 생명체가 우연히 발생했다고 주장할 수 있습니까? 창조주 하나님은 우리가 감히 논쟁할 대상이 아니십니다. 우리의 경배를 받기에 합당하신 분입니다.

우리는 창조주 하나님과 구세주 예수님과 보혜사 성령님의 도움이 여전히 필요합니다. 삼위일체 하나님의 도움 없이는 한순간도 넘어지지 않고 걸을 수가 없기 때문입니다. 문제가 생기면, 어린아이는 부모에게로 돌아가면 됩니다. 진짜 해결책은 부모에게 있기 때문입니다. 어린아이가 스스로 해결하려고 하면 할수록 문제가 더 엉키곤 합니다. 부모 몰래 저지른 일이 발단이 되어 문제가 생기고, 부모에게 비밀로 하려다가 문제가 악화됩니다. 부모에게 끝내 문제를 맡기지 않으면, 아이는 문제에 매몰되고 말 것입니다. 아이가 부모에게 문제를 꺼내 놓는 것이 해결의 시작이고, 문제를 맡기는 것이 해결의 끝입니다.

하나님에게서 멀어지면, 우리는 혼돈과 공허와 흑암의 길을 헤맬 수밖에 없습니다. 하나님이 시작이요 근본이시니 하나님 안에 머물러 있으면 되고, 잠시 멀어졌더라도 하나님께로 돌아오면 됩니다. 얼마나 간단합니까? 빛이신 하나님과 매 순간 동행하기를 바랍니다.

창조 때 천지를 품으신 성령은
지금도 마른 뼈와 같은 우리 안에 들어와
새 생명을 주신다.

3

누가 그 완전함을
깨뜨리는가?

그 종류대로 만드시다

창 1:6-25

세상 사람들은 "태초에 하나님이 천지를 창조하시니라"(창 1:1)나 "하나님이 이르시되 빛이 있으라 하시니 빛이 있었고"(창 1:3) 같은 말씀을 들으면 무심히 웃어넘깁니다. 창조론과 진화론의 해묵은 논쟁을 떠올리며 "창조"를 대수롭지 않게 여기는 것입니다.

창조란 무엇입니까? 눈에 보이는 모든 것이 보이지 않는 존재로부터 비롯되었다는 사실의 표현입니다. 창조는 믿음의 출발점입니다. 만물의 근원이 눈에 보이지 않는 하나님께 있다는 사실을 받아들이지 못하면, 즉 창조에 대한 믿음이 없으면, 신앙은 헛것이 되고 맙니다. 반면에 창조 사건을 믿음으로 받아들이면, 우리는 창조 현장에 있게 됩니다. 믿음의 눈을 떠야만 이 장엄한 사건의 목격자가 될 수 있습니다.

태초의 "창조"는 하나님의 말씀이 이루어진 사건입니다. 우리는 이 말씀을 먹어야 합니다. "말씀이 육신이 되어"(요 1:14) 우리 가운데 거하신 분이 계십니다. 그분은 십자가를 지러 가시기 전에 마지막 만찬 자리에서 떡과 포도주를 제자들에게 나눠 주시며 '나를 먹고 마시라'고 말씀하셨습니다. 말씀을 먹는 만큼 하나님을 알아갑니다.

성경의 주어는 인간이 아니라 하나님이십니다. 인간은 자기 이야기에 관심이 많지만, 성경은 내게 쏠려있는 관심을 하나님에게로 옮기기 위해 쓰인 책입니다. 삶과 역사의 중심이 인간에서 하나님으로 옮겨 가는 것이 바로 구원입니다. 그래서 구원은 본질상 창조와 맥이 닿아 있습니다.

하나님의 질서는 나뉨에서 시작된다

태초에 하나님이 "빛이 있으라"(창 1:3) 하시고, "빛과 어둠을"(창 1:4) 나누시니 첫째 날이 지났습니다. 이제 둘째 날을 살펴봅시다.

하나님이 이르시되 물 가운데에 궁창이 있어 물과 물로 나뉘라 하시고 하나님이 궁창을 만드사 궁창 아래의 물과 궁창 위의 물로 나뉘게 하시니 그대로 되니라 하나님이 궁창을 하늘이라 부르시니라 저녁이 되고 아침이 되니 이는 둘째 날이니라_창 1:6-8

하나님의 창조 과정, 즉 일하시는 스타일을 잘 살펴보십시오. "물 가운데에 궁창이 있어 물과 물로 나뉘라"고 명령하십니다.

"궁창"으로 번역된 히브리어 '라키아'는 동사 '라카'의 명사형입니다. '넓게 펴다, 두들겨서 펴다'라는 뜻으로 금속 재료를 두드려 펴서 넓은 판으로 만들 때 쓰는 말입니다. 반죽한 것을 두 손으로 넓게 편 형태를 가리킵니다. 따라서 "궁창"은 '넓게 펼쳐진 것, 확장된 것'을 의미하며 곧 '넓은 공간, 광활한 공간'으로 해석할 수 있습니다. 영어 성경들은 '라키아'를 '창공'을 뜻하는 firmament(KJV), '넓게 트인 곳'을 뜻하는 "expanse"(NIV), '비어 있는 공간'을 뜻하는 "space"(NLT) 등으로 번역했습니다.

그런데 이 "궁창"은 물과 물 사이에 자리하고 있습니다. "궁창 위의 물"은 무엇이고, "궁창 아래의 물"은 또 무엇일까요? "궁창 아래의 물"은 땅을 덮고 있는 물을, "궁창 위의 물"은 대기 중에 있는 수분을 가리킵니다. 구름이나 수증기보다 훨씬 더 많은 양의 수분으로, 그야말로 "물"입니다. 바로 이 "궁창 위의 물"이 오늘날 태양 빛을 효율적으로 차단해 주는 오존층의 역할을 했을 것이고, 노아의 대홍수는 "큰 깊음의 샘들", 곧 "궁창 아래의 물"이 터지고, "하늘의 창문들이 열려" "궁창 위의 물"이 쏟아져 내려 생긴 것으로 보입니다(참조, 창 7:11). "궁창 위의 물" 덕분에 유해 광선이 차단되어 아담이 930세, 므두셀라가 969세, 노아가 950세까지 살 수 있었다고 주장하는 사람들도 있습니다. 성경의 기록을 보면, 공교롭게도 대홍수 이후에 인간의 수명이 급격히 줄어든 것을 알 수 있기 때문입니다.

우리는 창조 사건에서 중요한 사실을 발견합니다. 하나님의 질서는 나뉨에서 시작된다는 것입니다. 그도 그럴 것이, 나뉜 것이 유지되기 위해서는 질서가 필요하기 때문입니다. 나뉘었는데 공존하는 것이 질서입니다.

이것은 각기 구별되면서도 하나이신 삼위일체 하나님의 속성에서 비롯되었습니다. 나뉜 그대로 공존하는 것이 질서이지 마구 뒤섞이는 것은 질서가 아닙니다. 억지로 하나 만들기 위해 뭉뚱그려 놓는 것은 질서가 아니라는 뜻입니다. 하나님의 질서는 나뉘면서도 하나 되는 것입니다. 피조 세계를 보십시오. 하늘과 땅이 하나요, 땅과 바다가 하나입니다. 분명한 경계가 있지만, 하나입니다. 그리스도인들은 성별, 나이, 직업, 인종, 언어 등에 상관없이 주님 안에 하나 되는 경험을 합니다. 바로 예배를 통해 그런 경험을 합니다. 이것은 교회에서만 볼 수 있는 신비한 질서입니다.

하나님은 궁창을 "하늘"이라 부르십니다. 그런데 궁창 위에 궁창이 있습니다. 즉 하늘 위의 하늘이 있다는 뜻입니다. "하늘"로 번역되는 히브리어 '샤마임'은 항상 복수형입니다. 이는 고대 히브리인들의 삼층천 개념을 반영한 것입니다.

사도 바울은 자신이 이 삼층천에 다녀온 적이 있다고 말합니다.

> 내가 그리스도 안에 있는 한 사람을 아노니 그는 십사 년 전에 셋째 하늘에 이끌려 간 자라 (그가 몸 안에 있었는지 몸 밖에 있었는지 나는 모르거니와 하나님은 아시느니라) 내가 이런 사람을 아노니 (그가 몸 안에 있었는지 몸 밖에 있었는지 나는 모르거니와 하나님은 아시느니라) 그가 낙원으로 이끌려 가서 말로 표현할 수 없는 말을 들었으니 사람이 가히 이르지 못할 말이로다_고후 12:2-4

바울이 말한 삼층천은 계시록에서 나오는 "새 하늘"(계 21:1)과 같은 개념입니다. "각 나라와 족속과 백성과 방언에서 아무도 능히 셀 수 없는 큰 무리가 나와 흰옷을 입고 손에 종려 가지를 들고 보좌 앞과 어린양 앞에"(계 7:9) 함께 서서 예배드리는 곳이 바로 "하늘"입니다. 바울은 그곳에서 "말로 표현할 수 없는 말"을 들었지만, 입을 다뭅니다. 그래도 우리는 그가 들려주는 삼층천 이야기를 사실로 받아들입니다. 그의 인격을 믿기에 그의 말도 믿는 것입니다. 저는 예수님이 "나를 믿는 자는 죽어도 살겠고 무릇 살아서 나를 믿는 자는 영원히 죽지 아니하리니 이것을 네가 믿느냐"는 말씀에 믿는다고 답했고 실제로 믿고 있기에 부활을 신뢰합니다.

우리는 예수님의 인격을 바탕으로 진리의 말씀인 성경을 믿습니다. 그분이 믿을 만한 분이 아니라면 한마디도 믿을 필요가 없을 것입니다. 그러나 말씀이 육신이 되어 오신 그분은 말씀대로 사셨고, 말씀대로 죽으셨으며, 말씀대로 부활하셨습니다. 태초에 하나님이 말씀하시는 대로 창조가 일어난 것을 보십시오. 말씀대로 이루어지는 것은 성경에서 반복되는 패턴입니다.

창조는 하나님의 질서다

둘째 날, 하나님이 궁창 아래의 물을 한곳으로 모이게 하시자 비로소 뭍이 드러납니다.

하나님이 이르시되 천하의 물이 한곳으로 모이고 뭍이 드러나라 하시니 그대로 되니라 하나님이 뭍을 땅이라 부르시고 모인 물을 바다라 부르시니 하나님이 보시기에 좋았더라_창 1:9-10

다시 한번 나눔으로써 경계를 지어 주시는 과정을 통해 땅과 바다가 그 모습을 드러냈습니다. 이스라엘 백성은 홍해를 건널

때에 물과 물이 나뉘는 사건을 경험합니다. 하나님은 밤새 동풍이 불어 바다 위의 물이 갈라져 마른 땅이 드러나게 하십니다. 이스라엘 자손이 바다 가운데를 지날 때는 양옆으로 물의 벽이 세워졌다가 애굽 군대가 그들을 뒤쫓아 바다 가운데로 들어가자 다시 물이 합쳐서 그들을 수장시킵니다(참조, 출 14장). 이런 이야기를 읽으면 어떤 사람들은 반신반의합니다. 믿지 않는 사람들은 신화나 설화일 뿐이라고 일축합니다. 자기 경험에 비추어 볼 때, 도저히 일어날 수 없는 일이기 때문입니다. 그러나 창조주 하나님은 물과 물을 나누실 수 있는 분입니다.

하나님은 욥에게 태초에 세상이 창조되던 때의 일을 네가 아느냐고 물으십니다.

> 내가 땅의 기초를 놓을 때에 네가 어디 있었느냐 네가 깨달아 알았거든 말할지니라 … 바다가 그 모태에서 터져 나올 때에 문으로 그것을 가둔 자가 누구냐_욥 38:4, 8

성경에서 욥은 침묵했지만, 오늘날 이 질문에 몇 가지 답을 내놓기 시작한 과학은 하나님은 없다는 성급한 결론을 내리고 맙니다. 그런데 어떤 과학자들은 연구를 거듭한 끝에 세상이 우연히 생길 수는 없다는 결론을 내리며 어떤 설계가 있었을 것이라고 가정하는 지적설계론을 발표하기도 했습니다. 또 어떤 이들은 진화론으로 설명되지 않는 부분은 창조론의 관점에서 해석하고, 창조론으로 설명되지 않는 것은 진화론적 관점으로 해석하는 타협을 통해 유신론적 진화론을 주장하기도 합니다.

그러나 이런 논쟁에 휘말리지 마십시오. 논쟁하기 위해 성경을 읽지 마십시오. 우리는 하나님이 어떤 분이신지를 알기 위해 성경을 읽습니다. 우리는 하나님이 말씀으로 천지를 창조하신 과정을 믿음으로 목격하는 사람들입니다. 이 믿음을 위해 성경을 먹으십시오.

예수님이 갈릴리 바다의 광풍을 꾸짖으시니 바람이 그치고 잔잔해졌고(막 4:39), 베데스다 연못가에서 38년 된 병자에게 "일어나 네 자리를 들고 걸어가라"(요 5:8)고 명하시니 그가 일어나 걸었으며 무덤에 누인 나사로에게 "나사로야 나오라"(요 11:43)하고 명령하시니 그가 살아나 걸어 나왔습니다. 예수님의 말씀은 곧 사건이 되었습니다. 신앙의 본질은 하나님의 말씀이 현실이 되는 사건에 있습니다. 창조는 하나님의 말씀이 실재가 된 첫 번째 사건입니다. 그러므로 바른 신앙은 창조에서부터 시작되어야 합니다.

성경은 기본적으로 태초에 하나님이 만물을 온전하게 창조하셨다는 사실을 전제합니다. 그래야만 하나님에게 돌아갈 때 회복할 수 있고, 구원에 의미가 있습니다. 창조를 들여다보면 볼수록 구원의 본질이 무엇인지에 다가가게 됩니다. 창조를 이해하지 못하면, 구원은 무의미할 뿐입니다. 하나님의 창조는 하나님의 질서입니다. 온 땅과 하늘의 질서이고, 온 우주의 질서입니다. 우리는 그 뜻이 어디에 있는지를 창조 사건을 통해 발견합니다.

셋째 날에는 땅에 풀과 채소와 나무가 자라게 하십니다.

하나님이 이르시되 땅은 풀과 씨 맺는 채소와 각기 종류대로 씨 가진 열
매 맺는 나무를 내라 하시니 그대로 되어 땅이 풀과 각기 종류대로 씨 맺
는 채소와 각기 종류대로 씨 가진 열매 맺는 나무를 내니 하나님이 보시
기에 좋았더라 저녁이 되고 아침이 되니 이는 셋째 날이니라_창 1:11-13

여기서 "내라"는 싹을 틔우라는 뜻입니다. 식물은 완성된 상태
로 창조하지 않으시고, 땅에서 자라나게 하십니다. 주목해야 할
것은 풀과 채소와 나무가 "각기 종류대로" 싹을 냈다는 것입니다.
풀이 채소가 되거나 채소가 나무가 되는 일은 없습니다. 풀과 채
소가 다르고, 채소와 나무는 태생부터 다릅니다. 말 그대로 풀은
풀이요 나무는 나무입니다. 이것이 하나님의 창조입니다.

그런데 인간은 계속해서 유전자 조작을 통해 하나님이 종류대
로 지으신 것들의 경계를 허물려고 합니다. 결국 우리는 예측하
지 못한 결과를 맞게 될 것입니다. 만약에 새로운 생물이 필요했
다면, 하나님이 만드셨을 것입니다. 우리는 어떤 생물이 생태계
에 왜 필요한지 알지 못합니다. 모기는 우리를 괴롭히는 벌레에
지나지 않지만, 모기를 잡아먹어야만 하는 잠자리도 있습니다.
존재하는 것에는 이유가 있고, 목적이 있습니다. "하나님이 보시
기에 좋았더라"라고 하신 것은 손댈 이유가 없습니다. 온전하다

는 뜻이기 때문입니다. 인간이 보기에 좋은 것을 따라가 봤자 생명 질서를 해체할 뿐이라는 사실을 명심하십시오.

넷째 날을 보십시오.

하나님이 이르시되 하늘의 궁창에 광명체들이 있어 낮과 밤을 나뉘게 하고 그것들로 징조와 계절과 날과 해를 이루게 하라 또 광명체들이 하늘의 궁창에 있어 땅을 비추라 하시니 그대로 되니라 하나님이 두 큰 광명체를 만드사 큰 광명체로 낮을 주관하게 하시고 작은 광명체로 밤을 주관하게 하시며 또 별들을 만드시고 하나님이 그것들을 하늘의 궁창에 두어 땅을 비추게 하시며 낮과 밤을 주관하게 하시고 빛과 어둠을 나뉘게 하시니 하나님이 보시기에 좋았더라 저녁이 되고 아침이 되니 이는 넷째 날이니라_창 1:14-19

이제 하늘과 바다와 땅이 다 만들어졌고, 시간과 공간의 틀이 마련되었습니다. 하나님은 무엇으로 이 공간을 채우실까요? 만약 태초에 하나님이 창조하시는 그 장엄한 순간을 눈으로 볼 수 있다면, 숨이 멎을 듯한 경외심에 사로잡히지 않겠습니까? 얼마나 위대한 역사입니까? 상상만 해도 가슴이 벅차오릅니다.

어릴 때는 집에서 금붕어를 기르는 것이 소원이었습니다. 요즘은 개나 고양이를 반려동물로 삼는 시대이지만, 1950~60년대에는 어항의 물고기들이 헤엄치는 것을 보는 것이 큰 낙이었습니다. 금붕어 두 마리를 키우려면, 무슨 일부터 해야 할까요? 어항을 사서 그 바닥에 모래를 깔아야 합니다. 자그마한 돌 몇 개와 수초를 넣어 두고 물을 채웁니다. 멋 부리는 사람들은 물레방아를 설치하기도 했습니다. 수돗물은 안심되지 않으니 샘물을 길어다가 붓습니다. 마지막으로 어항 위에 형광등을 달았습니다. 이 모든 것은 무엇을 위한 준비입니까? 얼마 기르지도 못할 금붕어 두 마리를 위해서도 설레는 마음으로 이렇게 준비했습니다.

어린아이가 어항에 형광등을 달듯이 하나님은 하늘에 "광명체들"을 달아 "낮과 밤"을 나누십니다. 그리고 이것으로 "징조와 계절과 날과 해"를 나타내는 표를 삼으십니다. 두 광명체는 해와 달을 가리킵니다. 또 수많은 별을 만들어 낮과 밤을 주관하게 하십니다. 낮은 낮의 아름다움이 있고, 밤은 밤의 아름다움이 있습니다.

창조를 인정하면 문제가 해결된다

오지로 여행을 다녀온 사람이 그곳에서 밤하늘에 쏟아지는 별들을 보고 눈물이 났다는 이야기를 들은 적이 있습니다. 얼마나 아름다웠겠습니까! 하나님의 사랑이 물밀 듯 밀려와서 나도 모르게 눈물 흘릴 때가 있습니다. 기쁨의 눈물, 감사의 눈물, 감동의 눈물입니다.

여호와 우리 주여 주의 이름이 온 땅에 어찌 그리 아름다운지요 주의 영광이 하늘을 덮었나이다 주의 대적으로 말미암아 어린아이들과 젖먹이들의 입으로 권능을 세우심이여 이는 원수들과 보복자들을 잠잠하게 하려 하심이니이다 주의 손가락으로 만드신 주의 하늘과 주께서 베풀어 두신 달과 별들을 내가 보오니 사람이 무엇이기에 주께서 그를 생각하시며 인자가 무엇이기에 주께서 그를 돌보시나이까_시 8:1-4

내가 무엇이기에 주님이 나를 생각하시며 돌보십니까? 내가 무엇이기에 이 아름다운 세상을 보게 하십니까? 이 감격을 알면 인생에 무슨 불만이 있겠습니까? 하나님이 창조하신 세계를 보고 감동하는 사람과 모든 것이 우연에 지나지 않는다고 생각하는 사람은 그 삶이 얼마나 다르겠습니까? 또 하나님이 나를 돌보신다는 믿음이 있는 사람과 자신은 무한한 시공간에 고아처럼 버려진 존재일 뿐이라고 믿는 사람은 얼마나 다른 삶을 살겠습니까? 하나님이 지으신 세계의 질서를 인정하고, 창조주 하나님의 주권을 인정하면, 우리가 겪는 문제의 80~90%는 해결되게 되어 있습니다. 창조를 인정하지 않기에 문제가 해결되지 않고 방황하는 것입니다.

하나님의 창조를 믿는다는 것은 관점의 뿌리가 바뀜을 의미합니다. 세상의 관점이 뿌리째 뽑히고, 하나님의 관점으로 바뀌는 것입니다. 거기서부터 모든 관계가 새롭게 시작합니다. 다른 사람들과의 관계, 만물과의 관계, 온 우주와의 관계가 새롭게 되는 것입니다.

하나님이 이르시되 물들은 생물을 번성하게 하라 땅 위 하늘의 궁창에는 새가 날으라 하시고 하나님이 큰 바다짐승들과 물에서 번성하여 움직이는 모든 생물을 그 종류대로, 날개 있는 모든 새를 그 종류대로 창조하시니 하나님이 보시기에 좋았더라_창 1:20-21

하나님이 "물들"에 명령하십니다. "생물을 번성하게 하라!" 물이 없으면 생명도 없습니다. 하늘에 새가 날기 시작하고, 바다에는 큰 바다짐승과 물고기들이 살기 시작합니다. 이번에도 하나하나 "종류대로" 창조하십니다. 종류가 얼마나 많은지 모릅니다. 하늘과 바다에 생물이 가득하게 되면서부터 혼돈과 공허와 흑암은 자리를 잃어버리고 맙니다. 바로 생명이 하나님의 질서를 만들고, 유지한다는 사실을 주목하십시오. 생물이 번성해도 무질서가 없습니다.

그런데 인간이 자기 생각대로 생명에 손을 대면 댈수록 무질서와 혼란이 가중됩니다. 생태계를 교란시킨다는 뜻입니다. 소는 풀을 먹어야 하는데, 인간이 고기를 먹입니다. 그 결과 광우병과 같은 무질서가 일어났습니다. 가축을 자연에서 방목하면, 여간해서는 전염병에 걸리지 않는다고 합니다. 그런데 우리는 닭이나 돼지를 좁은 우리에 가두어 집단 사육합니다. 빨리빨리 키우고, 살찌우려고 호르몬 약까지 투여합니다. 그러다 전염병이 돌면, 하루아침에 집단 살처분해야 합니다. 피조물인 인간에게는 다른 생물들을 마음대로 할 권리가 없습니다.

하나님이 그들에게 복을 주시며 이르시되 생육하고 번성하여 여러 바닷물에 충만하라 새들도 땅에 번성하라 하시니라 저녁이 되고 아침이 되니 이는 다섯째 날이니라_창 1:22-23

하나님이 피조물들에 복을 주십니다. 가장 큰 복이 무엇입니까? 바로 생명입니다. 생명 있는 모든 피조물은 생육하고 번성하여 땅과 바다와 하늘에 충만하라고 말씀하십니다. 그런데 오늘날 지구 상의 수많은 생물이 인간에 의해 고통받고 있습니다. 몇 년 전에 살아있는 곰의 쓸개에서 담즙을 채취한 일이 보도되어 사회적으로 공분이 일었던 적이 있습니다. 동물 학대와 관련된 사건은 셀 수 없이 많이 일어납니다. 생명에의 경외심을 잃은 탓입니다.

만약 우리가 다른 피조물들의 생명을 마음대로 빼앗고 착취한다면, 하나님이 그들에게 주신 복을 가로채는 꼴이 됩니다. 곧 이것은 모든 피조물에 생명과 복을 허락하신 하나님을 모독하는 일입니다.

창조는 신앙의 출발점이다

창조란 궁극적으로 하나님의 존재를 인정하게 하는 일입니다. 모든 시작점은 '나'가 아니라 '하나님'이어야 한다는 사실을 받아들이는 겸손한 태도입니다. 그래서 창조는 단순히 옛날이야기가 아니라 하나님을 향한 첫걸음의 예배입니다. 예배는 선순환을 일으킵니다. 예배를 통해 창조에의 경외감이 회복되고, 관계가 회복되고, 모든 것이 제자리를 찾는 질서가 회복됩니다.

하나님이 이르시되 땅은 생물을 그 종류대로 내되 가축과 기는 것과 땅의 짐승을 종류대로 내라 하시니 그대로 되니라 하나님이 땅의 짐승을 그 종류대로, 가축을 그 종류대로, 땅에 기는 모든 것을 그 종류대로 만드시니 하나님이 보시기에 좋았더라_창 1:24-25

창조 기사에서 어떤 단어가 반복되는지를 살펴보십시오. 반복해서 등장한다는 것은 그만큼 중요하다는 뜻 아니겠습니까? 제발 귀담아서 들으라는 얘기 아닙니까? 힌트는 각 절의 주어와 동사를 찾아보라는 것입니다. 모든 주어는 '하나님'이고, 동사는 '만들다'입니다. 그렇습니다. 성경은 시종 하나님의 이야기입니다. 하나님이 말씀하시고, 말씀하신 대로 이루어지는 것이 바로 창조의 과정입니다. 하나님의 말씀은 반드시 이루어진다는 사실에서 구원의 불빛을 봅니다.

또 "종류대로"라는 말도 반복해서 등장합니다. 진화론이 주장하는 '적자생존'은 그 초점이 잘못되었습니다. 적자란 적격자를 뜻합니다. 환경에 적합하다는 뜻입니다. 그러나 하나님은 생명에 적합한 환경을 만드셨지, 환경에 적합한 종을 만드신 게 아닙니다. 하나님의 피조물들은 진화할 필요가 없습니다. 성경은 하나님이 창조하실 때마다 그 결과물을 보고 "좋다"고 말씀하셨다고 기록합니다. 더 이상 손댈 데가 없다는 결정이고, 그토록 완전한 창조이기에 "좋다"고 말씀하신 것입니다. 하나님은 완전하십니다. 하나님이 하시는 일이나 지으신 피조 세계도 마찬가지로 완전합니다. 그런데 누가 그 완전함을 깨뜨리고, 세상을 혼란스럽게 만듭니까? 인간입니다.

인간은 하나님의 질서를 참지 못하고, 자기중심의 질서를 만들려고 합니다. 자기가 보기 좋은 대로 살려고 합니다. 자기 눈에 든 사람만 가까이하고, 들지 않는 사람은 제거해 버리려고 합니다. 이런 자기중심의 태도가 사회를 병들게 하는 것 아닙니까?

창조야말로 신앙의 출발점이자 인생의 출발점임을 기억하십시오. 창세기를 읽는 것에서 그치지 말고, 먹으십시오. 그렇게 함으로써 말씀이 내 안에서 능력이 되게 하십시오. 이것이 신앙인의 삶입니다.

4

인간은
어떤 존재인가?

하나님의 형상과 모양

창 1:26-31

한국의 대표적인 지성인으로 꼽히는 이어령 교수는 성경을 많이 읽었지만, 예수님을 믿기가 참 어려웠던 모양입니다. 어느 날, 고 하용조 목사님이 그에게 "선생님은 도대체 무엇이 제일 안 믿기십니까?" 하고 묻자 "창조, 부활, 성령, 이 세 가지가 도저히 안 믿어집니다"라고 대답했다고 합니다. 성경의 세 가지 키워드를 정확히 짚어 내다니… 최고의 지성인임을 부인할 수가 없습니다. 창조와 부활과 성령은 연결되어 있기에 하나가 믿어지지 않으면 다른 것들도 믿어지지 않기 마련입니다. 그와 반대로 하나가 믿어지면 다 믿어지게 되어 있습니다.

사실 3,500년 전에 모세가 기록한 창조 이야기를 오늘 믿는다는 것은 기적입니다. 진화론과의 논쟁에도 불구하고, 창조 이야기가 믿어진다면 무엇 때문이겠습니까? 이유는 하나입니다. 예수님이 십자가 위에서 죽으셨다가 부활하셨기 때문입니다. 그리고 성령이 우리 눈을 뜨게 하신 덕분입니다. 내가 믿겠다고 결정해서 믿어진 것이 아니라는 뜻입니다. 믿음은 내 능력이 아닙니다.

인간은 도대체 어떻게 해서 이 땅에 존재하게 되었을까요? 그 답은 예수님이 왜 이 땅에 오셔야만 했고, 왜 죽으셔야만 했으며 또 왜 부활하셔야만 했는가와 연결되어 있습니다. 창조와 구원은 하나로 꿰어져 있습니다. 인간이란 어떤 존재인가에 관한 질문과 예수님의 죽음과 부활에 대한 의문의 해답은 창세기에서 찾을 수 있습니다. 그야말로 놀랍고 신비한 답입니다.

인간을 규정하는 출발점

태초에 하나님은 땅과 바다와 하늘을 만드시고, 해와 달과 별을 만드셨으며, 땅에서 각종 풀과 채소와 나무가 나게 하셨고, 땅과 바다와 하늘에 생물이 번성하게 하셨습니다. 이 모든 것이 마지막 목적을 향해 나아가는 과정입니다.

앞에서 말했다시피, 1950~60년대에는 집에서 금붕어 기르는 것이 당시 어린이들의 꿈이었습니다. 먹고살기도 힘든 시절에 어항을 사다가 꾸미고 정성스레 샘물을 길어다가 금붕어 두 마리를 풀어놓고는 무슨 말을 했겠습니까?

"금붕어야, 너한테 돈이 얼마나 들었는지 아니? 너 때문에 내가 얼마나 고생하며 애썼는지 너는 꼭 기억해야 한다."

이렇게 말했을까요? 아닙니다. 딱 한마디면 됩니다.

"금붕어야, 너희 둘이서 새끼 낳고 잘 살아라."

금붕어에게 다른 것을 기대하지 않았습니다.

어린아이가 금붕어를 위해 어항을 꾸미는 과정은 하나님이 마지막 목적을 위해 세계를 창조해 나가시는 과정과 비슷합니다. 하나님의 마지막 목적은 무엇일까요? 바로 인간의 창조입니다.

하나님이 이르시되 우리의 형상을 따라 우리의 모양대로 우리가 사람을 만들고 그들로 바다의 물고기와 하늘의 새와 가축과 온 땅과 땅에 기는 모든 것을 다스리게 하자 하시고_창 1:26

지금까지와는 사뭇 다른 분위기입니다. 삼위 하나님이 서로 의논하는 모습입니다. 지금까지 모든 생물은 각기 "종류대로" 지으셨습니다. 그런데 성부, 성자, 성령이 의논하신 결과 "우리의 형상을 따라 우리의 모양대로" 사람을 만들기로 하십니다. 히브리어 성경을 보면, 여기서 "하나님"은 '엘로힘' 복수이고, 첫 사람(아담)은 단수입니다.

하나님의 "형상"과 "모양"이란 참으로 의미심장한 말입니다. 인간을 규정하는 출발점이기 때문입니다. "나는 생각한다 고로 존재한다"는 데카르트(Descartes)의 말이나 "생물은 단지 우연에 의해 발생했으며 적자생존의 규칙으로 진화한다"는 주장과는 전혀 다른 차원의 이야기입니다. "형상"은 히브리어로 '첼렘', "모양"은 '데무트'입니다. 영어 성경은 두 단어를 각각 "image"와 "likeness"로 번역하고 있습니다. 인간은 하나님의 형상과 모양, 곧 하나님의 존재를 고스란히 반영하고 있다는 뜻입니다. 어떤 사람들은 "형상"은 외적인 것을, "모양"은 내면적인 것을 가리킨다고 주장하지만, 하나님에게 안팎이 어디 있습니까? 하나님의 존재를 나타내는 히브리식 표현으로 봐야 할 것입니다.

사람이 자기와 닮은 형상을 만든 것이 인형입니다. 인형은 그 안에 사람의 성품이 없지만, 인간은 하나님의 형상뿐 아니라 성품까지도 닮았습니다. 그러므로 하나님과 인간의 관계는 곧 아버지와 아들의 관계가 아니겠습니까? 아들은 아버지의 형상과 성품을 닮습니다.

인간이라는 존재를 이해하는 것이 왜 그토록 중요합니까? 하나님의 "형상"과 "모양"이 유지되느냐 아니냐에 따라 인간 존재가 갈리기 때문입니다. 진화론은 그런 기준이 없으므로 인간의 가치에 대해서 상대적입니다. 유물론자에게는 인간이든 짐승이든 심지어 물건도 차이가 없습니다. 그런 논리라면 사람 하나 죽는 것이 무슨 대수입니까? 필요하다면 대량 살상을 해도 그만이고, 심지어 인종 청소까지도 정당화할 수 있습니다. 하지만 하나님의 형상과 모양이라는 절대적 기준이 있는 한, 인간은 그렇게 취급할 수가 없습니다. 절대로 안 됩니다. 인간의 가치를 상대적인 기준이 아닌 하나님의 "모양"과 "형상"이라는 절대적인 기준에서 보면, 그런 생각은 뿌리째 사라지게 됩니다. 인간은 우연히 발생한 생명체에서부터 돌연변이를 일으키며 진화해 온 존재가 아니라는 뜻입니다.

인간은 하나님의 존재를 고스란히 투영하는 존재입니다. 그래서 아무리 타락한 인간이라도 곰곰이 들여다보면 하나님의 잔상이 있음을 발견합니다. 양심은 인간에게 새겨진 의로움의 기준입니다. 양심은 원의(原義, original righteousness), 곧 원래의 의로움을 뜻합니다. 우리는 누군가를 사랑하면 행복하고, 미워하면 괴롭습니다. 옳은 일을 하면 힘이 나고, 잘못을 저지르면 수치심과 두려움이 생깁니다. 왜 그렇습니까? 우리 안에 하나님의 형상과 모양이 있기 때문입니다.

하나님의 형상과 모양을 회복하는 길

예수님은 하나님의 형상과 모양을 우리에게 보여 주기 위해서 오셨습니다. 바울이 그 사실을 알았습니다.

우리가 다 수건을 벗은 얼굴로 거울을 보는 것 같이 주의 영광을 보매 그와 같은 형상으로 변화하여 영광에서 영광에 이르니 곧 주의 영으로 말미암음이니라_고후 3:18

"주의 영광"을 본다는 것은 하나님의 "형상"과 "모양"을 보는 것입니다. 그 형상과 모양을 보면 볼수록, 닮아가고 변화하여 영광에 이를 것이라고 말씀하십니다. 구원이란 무엇입니까? 하나님의 형상과 모양을 되찾는 일입니다. 거듭남이란 무엇입니까? 하나님의 형상과 모양이 새롭게 새겨지는 사건입니다.

하나님이 자기 형상과 모양을 따라 인간을 지으신 데는 어떤 의도가 있을까요? 인간이 인형을 만든 이유가 무엇입니까? 비록 생명이 없는 인형이지만, 관계를 맺고 싶은 열망이 있기 때문이 아닙니까? 하나님은 인간과 교제하기를 원하십니다.

그런데 여기서 한 가지 주목해야 할 것이 있습니다. 하나님은 인간을 완성된 존재로 짓지 않으셨다는 것입니다. 쉽게 말하자면, 솔방울로 만드셨지 소나무로 만드신 게 아니고, 도토리로 만드셨지 상수리나무로 만드신 게 아니라는 뜻입니다. 중요한 것은 솔방울과 도토리 안에는 이미 나무가 들어 있다는 사실입니다. 즉 싹을 틔워 온전한 나무가 될 가능성이 존재한다는 것입니다. 이 가능성에 주목하면, 인간을 바라보는 눈이 달라집니다. 사람에게서 하나님의 형상과 모양을 발견한 사람은 다른 사람을 절대 함부로 대하지 않습니다.

우리가 예수님의 십자가 희생에 감사하고, 부활에 기뻐하는 이유가 무엇입니까? 죄를 지어 하나님의 형상과 모양을 망가뜨린 우리를 찾아오셔서 온전한 형상과 모양을 보여 주시고, 그 형상과 모양을 회복할 길을 열어 주셨기 때문이 아닙니까?

히브리서 기자가 부활하신 주님을 보고 이렇게 기록합니다.

이는 하나님의 영광의 광채시요 그 본체의 형상이시라 그의 능력의 말씀으로 만물을 붙드시며 죄를 정결하게 하는 일을 하시고 높은 곳에 계신 지극히 크신 이의 우편에 앉으셨느니라_히 1:3

예수님은 "근본 하나님의 본체시나 하나님과 동등됨을 취할 것으로 여기지 아니하시고"(빌 2:6) 우리에게 오셔서 인간이 어떤 존재인지를 가르쳐 주시고, 인생을 어떻게 살아야 하는지를 보여 주셨습니다. 하나님의 형상과 모양을 지켜서 하나님처럼 살 것인가 아니면 그걸 깨뜨려서 짐승처럼 살 것인가 하는 갈림길에서 인간은 어떤 길을 선택합니까? 전도서는 인간의 선택을 이렇게 표현합니다.

내가 깨달은 것은 오직 이것이라 곧 하나님은 사람을 정직하게 지으셨으나 사람이 많은 꾀들을 낸 것이니라_전 7:29

인간이 어쩌다가 이 같은 세상에 살게 되었습니까? 잔꾀를 많이 부렸기 때문입니다. 인간은 온종일 꾀를 냅니다. 한 달 내내 악한 생각을 하고, 일 년 내내 모질게 행동합니다. 선한 일은 생각조차 못 하는 존재가 되고 말았습니다. 어떻게 악해도 그렇게 악할 수가 있습니까? 인간은 구덩이에 빠졌습니다. 그가 해야 할 일은 구덩이에서 빠져나오는 것이지 구덩이를 더 깊이 파는 것이 아닙니다. 그런데도 인간은 구덩이를 계속해서 파 들어가고 있습니다.

남녀도 하나님의 형상대로 지으셨다

하나님이 자기 형상 곧 하나님의 형상대로 사람을 창조하시되 남자와 여자를 창조하시고 하나님이 그들에게 복을 주시며 하나님이 그들에게 이르시되 생육하고 번성하여 땅에 충만하라, 땅을 정복하라, 바다의 물고기와 하늘의 새와 땅에 움직이는 모든 생물을 다스리라 하시니라_창 1:27-28

하나님은 "자기 형상"대로 사람을 지으시되 "남자와 여자를" 창조하시고 복을 주십니다. 참으로 독특합니다. 하나님은 복부터 주시는 분입니다. 그런데 사람들은 왜 복에 목말라 합니까? 하나님이 인색하신 분이기 때문입니까? 아닙니다. 우리가 복에 목마른 까닭은 주어진 복을 복으로 여기지 않고, 필요가 응답되는 것을 복으로 감사하지 않으면서 오로지 자기 욕심만 채우기를 바라기 때문입니다.

이 창조 기사는 다음 말씀에서 조금 더 부연 설명되어 있습니다.

여호와 하나님이 아담을 깊이 잠들게 하시니 잠들매 그가 그 갈빗대 하나를 취하고 살로 대신 채우시고 여호와 하나님이 아담에게서 취하신 그 갈빗대로 여자를 만드시고 그를 아담에게로 이끌어 오시니 아담이 이르되 이는 내 뼈 중의 뼈요 살 중의 살이라 이것을 남자에게서 취하였은즉 여자라 부르리라 하니라_창 2:21-23

"갈빗대"로 번역된 히브리어 '첼라'는 원래 '옆구리'를 가리킵니다. 머리도 아니고, 발도 아닙니다. 여자는 남자의 옆구리에서 취한 존재입니다. 남자와 대등한 존재라는 뜻입니다. 하나님이 하와를 만드시고, 아담에게 소개하자 아담이 한눈에 알아봅니다. 나와 다른 존재가 아니라는 것을 말입니다. 그녀 안에 있는 하나님의 형상과 모양을 동일하게 인식합니다.

그러므로 남자는 여자를 어떻게 대해야 합니까? 여자는 수단이 아닙니다. 그렇다고 목적도 아닙니다. 둘의 관계는 "돕는 배필"(창 2:20), 즉 동반자입니다. 하나님은 사람이 혼자 사는 것이 좋지 않다고 말씀하셨습니다. 그래서 아담을 위하여 그와 함께할 동반자, 하나님의 사명을 함께 감당해 나갈 동역자요 하나님의 뜻에 따라 세상을 함께 다스릴 파트너를 허락하신 것입니다.

남자나 여자나 둘 다 하나님의 형상과 모양대로 지어진 존재임을 받아들일 때 진정한 관계가 형성됩니다. 여성 인권과 남녀평등의 개념은 사실 성경에서 비롯되었습니다. 하나님의 형상대로 지음받았다는 생각이 없는 사람들은 어떤 문제를 일으킵니까? 여성을 학대합니다. 여성의 인권이 유린되는 곳을 보십시오. 여성이 어떤 존재로 창조되었는지를 진지하게 생각한 흔적이 있습니까? 어쩌다가 이성을 성적인 대상으로만 보게 되었을까요? 우리가 하나님의 형상과 모양대로 지어진 존재라는 사실을 부정하거나 그 사실에 무지하기 때문입니다.

어린 시절부터 듣고 자란 끔찍한 말이 있습니다. "여자와 북어는 때려야 제맛이 난다"는 말입니다. 그래서 사흘에 한 번씩 때려야 한다고 말하곤 했습니다. 이게 입에 담을 말입니까? 그런데 실제로 이런 말을 쉽게 하는 가정에서 가정 폭력이 얼마나 빈번하게 일어나는지 모릅니다. 왜 그렇습니까? 하나님이 인간을 왜 남녀로 지으시고, 왜 두 사람으로 하여금 가정을 이루게 하셨는지를 모르니 가정을 이루어도 무엇을 해야 할지 모르는 탓입니다.

여기서 또 한 가지 주의 깊게 살펴봐야 할 것이 있습니다. 하나님은 아담에게 하와를 주셨다는 사실입니다. 아담에게 또 다른 아담을 주신 적이 없습니다. 즉 생육하고 번성하여 땅을 다스리기 위해서는 남자와 여자가 가정을 이루어야 한다는 것입니다. 이것 또한 질서입니다.

하나님의 질서에는 세 가지 차원이 있습니다. 첫째, 하나님은 구분하심으로써 질서를 세우십니다. 낮과 밤을 구분하시고, 땅과 바다를 구분하시고, 생물을 종류대로 구분하십니다. 종류를 뒤섞지 않으십니다. 종류가 부족하지도 않습니다. 만물이 보시기에 좋았던 것은 그 자체로 완전하기 때문입니다.

둘째, 하나님은 창조의 순서를 통해 질서를 세우십니다. 인간이 중요하다고 해서 맨 처음에 만들지 않으셨습니다. 오히려 중요하기 때문에 맨 나중에 만드십니다. 그리고 그 전에 인간을 위해 모든 것을 순서대로 만드십니다. 인간이 얼마나 중요하면, 모든 것을 다 만들어 놓고 나서 인간을 지으셨겠습니까? 따라서 하나님의 창조 순서와 그를 통해 세우신 질서는 인간을 위한 배려임을 알 수 있습니다.

셋째, 하나님은 남녀 사이에 질서를 만드셨습니다. 구분의 질서와 순서의 질서가 지켜지도록 하기 위함입니다. 하나님의 질서는 인간의 질서에 달리게 되었습니다. 왜 이런 모험을 하십니까? 그 정도로 인간을 깊이 사랑하시기 때문입니다.

그런데 질서에 문제가 생기자 하나님은 즉시 회복을 위한 조치를 취하십니다. 인간이 타락하기가 무섭게 구원을 계획하신 것입니다. 예수님을 보낼 준비를 하시며 십자가와 부활을 계획하셨습니다. 그리고 결국 준비하신 것을 다 이루셨습니다. 십자가와 부활은 하나님의 형상과 모양을 회복하기 위한 하나님의 지혜입니다.

예수님을 바라보는 것이 회복의 길이다

하나님의 질서를 깨뜨리는 것은 곧 짐승처럼 살기로 결정하는 것입니다. 하나님의 형상과 모양을 버리는 순간, 우리는 늘 인간보다 못한 존재로 추락하게 됩니다. 그런데도 왜 인간은 타락의 길을 선택할까요? 세상의 신이 그리스도의 복음의 광채를 가리기 때문입니다. 하나님의 형상과 모양을 보지 못하게 하기 때문입니다. 그리스도를 주로 고백할 수 없게 만들기 때문입니다.

하나님이 이르시되 내가 온 지면의 씨 맺는 모든 채소와 씨 가진 열매 맺는 모든 나무를 너희에게 주노니 너희의 먹을거리가 되리라 또 땅의 모든 짐승과 하늘의 모든 새와 생명이 있어 땅에 기는 모든 것에게는 내가 모든 푸른 풀을 먹을거리로 주노라 하시니 그대로 되니라_창 1:29-30

하나님은 인간에게 세상을 다스릴 권한과 책임을 맡기시고, 관리 일을 하면서 먹고살도록 하셨습니다. 하나님은 생물들에게 식물을 먹을거리로 주십니다. 인간에게도 마찬가지입니다. 인간이 육식을 먹도록 허락하신 것은 노아의 홍수 이후입니다. 그러나 피조 세계가 구원에 이르면 온 피조물이 다시 식물을 먹을거리로 삼을 것입니다.

이리와 어린 양이 함께 먹을 것이며 사자가 소처럼 짚을 먹을 것이며 뱀은 흙을 양식으로 삼을 것이니 나의 성산에서는 해함도 없겠고 상함도 없으리라 여호와께서 말씀하시니라_사 65:25

사도 바울은 인간이 타락함으로써 피조 세계가 고통을 겪는다는 사실을 알았습니다.

피조물이 고대하는 바는 하나님의 아들들이 나타나는 것이니 피조물이 허무한 데 굴복하는 것은 자기 뜻이 아니요 오직 굴복하게 하시는 이로 말미암음이라 그 바라는 것은 피조물도 썩어짐의 종노릇 한 데서 해방되어 하나님의 자녀들의 영광의 자유에 이르는 것이니라 피조물이 다 이제까지 함께 탄식하며 함께 고통을 겪고 있는 것을 우리가 아느니라 _롬 8:19-22

세상이 목말라 하며 기다리는 것은 무엇입니까? 천지 만물이 하나님의 영광에 이르는 것입니다. 바울은 세상 피조물들의 탄식을 들었습니다. 그는 세상 전체가 고통을 겪고 있는 것을 알았습니다. 그리고 모든 문제 해결의 키가 구원에 있음을 알았습니다.

세상이 가장 먼저 해야 할 일은 구원받는 일입니다. 곧 하나님의 형상과 모양을 회복하는 일입니다.

회복하려면 어떻게 해야 합니까? 예수 그리스도를 바라봐야 합니다. 십자가를 바라보고, 부활하신 주님을 주로 부르는 것입니다. 그리스도를 받아들이고, 그 이름에 힘입어 하나님의 형상과 모양을 닮아 가는 것입니다. 사업 부도를 막아 주는 것이 구원이 아닙니다. 단순히 병이 낫거나 더 행복해지는 것이 아닙니다. 거듭남이란 하나님의 형상과 모양을 회복함으로써 거룩하게 되는 일이고, 영생이란 하나님의 형상과 모양으로 거룩하신 하나님 앞에 나아가는 일입니다.

하나님이 미리 아신 자들을 또한 그 아들의 형상을 본받게 하기 위하여 미리 정하셨으니 이는 그로 많은 형제 중에서 맏아들이 되게 하려 하심이니라_롬 8:29

부활이란 예수님의 형상을 본받게 하기 위하여 미리 정해진 일입니다. 또한 예수님이 하나님의 형상과 모양을 지닌 모든 자녀 중에서 맏아들이 되시는 사건입니다. 아들은 아버지를 닮기 마련입니다. 실제로 어느 집의 돌잔치에 갔다가 아이 아버지가 자기 돌 사진을 보여 주는 것을 보고 눈물이 날 정도로 웃었던 적이 있습니다. 아버지의 돌 사진과 그날 돌을 맞은 아들의 얼굴이 너무나 똑같았기 때문입니다.

십자가에서 죽으시고, 무덤에서 부활하신 예수님의 얼굴은 하나님 아버지를 쏙 빼닮았습니다. 하나님은 우리 또한 아버지의 형상과 모양을 닮아 가도록 예수님을 보내 주셨습니다. 모든 형제자매가 예수님을 닮아 간다면, 온 교회가 그리스도를 닮아 간다면 어떤 일이 일어나겠습니까? 너무 닮아서 구별이 쉽지 않을 것입니다. 그런데 이 교회와 저 교회가 달라도 너무 다른 이유는 무엇입니까? 예수님을 닮는 게 아니라 담임 목사를 닮아 가기 때문입니다

그리스도인은 예수님을 닮아 가는 것이 목적이지 어느 교회에 다니느냐가 목적이 아닙니다. 예수님의 형상과 모양만 생각하고 살아도 닮기가 어려운데, 담임 목사의 목회 방향과 목회 철학까지 배울 시간이 어디 있습니까? 성령의 지혜 하나면 족한데, 무슨 훈련, 무슨 학교, 무슨 과정이 그토록 많이 필요합니까? 대부분 세상에서 배워 온 것들이 아닙니까? 세상에서 배워 온 것들은 시간이 지나면 다 문제가 됩니다.

그러나 하나님을 닮아 가면, 시간이 갈수록 문제가 풀립니다. 왜 그렇습니까?

하나님이 지으신 그 모든 것을 보시니 보시기에 심히 좋았더라 저녁이 되고 아침이 되니 이는 여섯째 날이니라_창 1:31

하나님의 것은 다 선하기 때문입니다. 하나님의 형상과 모양

을 지닌 인간은 좋아도 너무 좋기 때문입니다. 인간의 문제는 인간을 모르는 데서 비롯됩니다. 인간의 가장 큰 문제는 인간이 얼마나 위대한 존재인지를 모르는 것입니다. 자신이 가진 무한한 가능성을 모르는 것보다 더 큰 손실이 어디 있습니까? 하나님의 형상과 모양이라는 본질을 놓치면, 인간이 겪는 문제들의 근원을 해결할 길이 없습니다.

인간에게는 두 길이 있을 뿐입니다. 하나님의 형상과 모양을 지니고 살아가는 길과 그것에서 벗어나는 길이 있습니다. 성경은 이 두 길이 축복의 길과 저주의 길이라고 말합니다. 예수님은 좁은 길과 넓은 길, 생명의 길과 사망의 길로 비유하여 가르쳐 주십니다.

자신이 하나님의 형상대로 지음받은 존재라는 사실을 기억하십시오. 그리고 다른 사람들에게 그들도 하나님의 형상을 지닌 존재임을 일깨워 주십시오. 이렇게 하는 것이 전도요 선교입니다. 그 사람 안에 있는 하나님의 형상이 아직 완전히 피어나지는 않았지만 그 씨앗을 보고 경외하며 감사하고, 경탄하고 존중하며 대접할 줄 아는 것이 그리스도인의 삶입니다. 그것이 세상을 바꾸는 진정한 길이요 참된 혁명입니다. 성령과 함께 좁은 길을 넘치는 기쁨으로 걷기를 바랍니다. 그것이 축복의 길이요 생명의 길이요 영생의 길이기 때문입니다.

2

사람,

창조의

절정

5

우리 삶에
왜 안식이 필요한가?

일과 안식을 나눈 이유

창 2:1-3

여섯째 날에 천지와 만물이 이루어지면서 창조의 모든 과정이 끝났습니다. 하나님은 그 지으신 모든 것을 보시고, "심히 좋다"고 말씀하셨습니다. 심히 좋다는 것은 더는 손댈 필요가 없다는 뜻입니다. 하나님의 창조는 그야말로 완전무결하게 이루어졌습니다. 그런데 창세기 기자는 일곱째 날까지 기록하고 있습니다.

> 천지와 만물이 다 이루어지니라 하나님이 그가 하시던 일을 일곱째 날에 마치시니 그가 하시던 모든 일을 그치고 일곱째 날에 안식하시니라
> _창 2:1-2

하나님이 "하시던 일을 일곱째 날에" 마치셨다고 기록합니다. 일은 여섯째 날에 마치신 것 아닙니까? 그런데 왜 일곱째 날에 마치셨다고 기록합니까? 앞뒤가 맞지 않습니다. 그래서 고대 사본 가운데 일부는 "일곱째 날"을 "여섯째 날"로 수정해서 기록해 놓았다고 합니다. 히브리어로 쓰인 성경을 헬라어(그리스어)로 번역한 70인역 성경도 "여섯째 날"로 수정되어 있습니다. 그러나 대다수 사본은 "일곱째 날"로 기록하고 있습니다.

하나님은 일곱째 날에 일을 마치시고 안식하셨습니다. 여기서 '안식하다'로 번역되는 히브리어 '샤바트'의 사전적인 뜻은 '쉬다, 그치다, 중지하다'입니다. 한마디로 편하게 쉰다는 뜻입니다. 모든 일을 마치신 하나님은 편히 쉬셨습니다. 그런데 하나님에게 쉼이 왜 필요할까요? 엿새 동안 천지를 창조하시느라 지치셨기

때문일까요?

아닙니다. 정작 하나님에게는 필요하지 않은 안식을 왜 인간에게 허락하셨는가를 생각해 봐야 합니다. 하나님은 여섯째 날에 인간을 창조하기 위해 닷새 동안 천지 만물을 차근차근 지어 오셨습니다. 일곱째 날의 안식 또한 창조 사역의 한 과정임을 알아야 합니다. 따라서 안식에는 인간을 위한 하나님의 뜻과 계획이 담겨 있습니다.

안식의 의미를 살펴보고, 우리 삶에 안식이 필요한 이유와 진정한 안식이 무엇인지를 알아보겠습니다. 특히 일에 관해 다시 생각해 봄으로써 안식을 새롭게 바라보고자 합니다.

왜 인간에게 안식을 허락하셨는가

한 가지 예를 들어 보겠습니다. 어떤 사람이 80년을 살았다고 칩시다. "아무개가 80년 생애를 마쳤다"고 말할 때, 중요한 것은 무엇입니까? 시작과 끝, 곧 출생과 죽음 아니겠습니까? 그중에서도 80년 생애의 의미를 매듭짓고 완성하는 것은 바로 죽음입니다. 죽음으로 완결될 때, 삶이 삶으로 규정될 수 있습니다. 그런 의미에서 삶의 가장 큰 축복은 죽음이라는 역설적인 진리를 깨닫게 됩니다. 좀 더 오래 살기 위해 노력하는 사람이 얼마나 많습니까? 그러나 잘 죽지 않으면, 살아온 시간이 아무리 길어도 별 의미가 없게 됩니다.

그래서 하나님은 마침을 통해 일이 완성된다는 뜻에서 일과 쉼을 구분해 놓으셨습니다. 엿새 동안 일을 모두 마치시고, 일곱째 날에 안식하심으로써 일과 쉼 사이에 경계를 그으셨습니다. 일과 쉼의 구분은 창조 원리에도 부합합니다. 하나님은 어둠과 빛을 나누셨고, 하늘과 땅을 나누셨습니다. 하나님은 구분을 통해 질서를 세우시는 분입니다. 죽음이 삶을 완결하듯이 결과적으로 안식이 창조 사역을 완성합니다.

여기서 우리는 두 가지 사실을 발견합니다. 첫째, 일을 마침으로써 쉼이 시작된다는 것입니다. 하나님은 일과 쉼을 구분하기 위해 엿새간의 일을 멈추시고, 일곱째 날을 안식하는 날로 따로 정하셨습니다. 일과 쉼은 분리되어야 한다는 뜻입니다.

제 젊은 시절을 돌아보니 철저히 비성경적인 삶을 살았다는 사실을 깨닫습니다. 과거의 직장 분위기는 지금과 사뭇 달랐습니다. 휴가 이야기를 꺼내는 것이 부담스러울 만큼 쉼에 대해 적대적인 분위기였습니다. 아내가 출산했으니 집에 들어가 보겠다고 말하면, 네가 애를 낳았느냐고 조롱하듯 꾸짖곤 했습니다. 집안의 대소사는 당연히 아내가 혼자 처리해야 하는 것으로 여겼습니다. 심지어 이사조차도 아내가 알아서 해야 하는 줄 알았습니다. 그래서 실제로 이삿날 새집을 못 찾아가는 사람도 있었습니다. 선배들은 지난 몇 년간 휴가 한 번 간 적이 없다는 것을 자랑삼아 말하곤 했습니다.

늘 일에 파묻혀 살다 보니 다들 살길을 찾곤 했습니다. 일하는 것도 아니고 쉬는 것도 아닌 채 쉬엄쉬엄 일하는 것입니다. 근무 시간에 사우나에 가는 것은 일과였고, 의자에 윗옷을 걸쳐 놓고 퇴근하거나 낮에는 바깥에서 쉬다가 퇴근 무렵에 나타나서 시간 외 근무 수당을 신청하는 꼼수를 부리기도 했습니다. 일이 많다 싶으면 슬그머니 사라지는 사람도 있었습니다.

비효율적인 근로 분위기에서도 일의 강도는 계속해서 높아만 가니 사람들은 일 중독자들이 되어 갔습니다. 어떤 중독이건 중독자들은 정상인들을 싫어하기 마련입니다. 일 중독자가 된 상사들은 별일 없는 휴일에도 비상 연락망을 가동하여 사람들을 불러 내곤 했습니다.

우리 삶에서 중요한 것은 상사의 기준이 아니라 하나님의 기준입니다. 하나님은 일을 완전히 멈추고 안식하는 모범을 보여 주십니다. 태초에 하나님의 천지 창조가 인간의 창조라는 절정을 향하여 나아갔듯이 창조의 완성을 안식으로 마무리하심으로써 안식 또한 인간에게 반드시 필요한 것임을 보여 주신 것입니다. 이처럼 하나님의 창조 사역은 인간을 향하여 집중되어 있습니다.

창세기 2장에서 발견하는 두 번째 사실은 인간을 복되게 하고 거룩하게 하시고자 인간에게 안식을 주신다는 것입니다.

하나님이 그 일곱째 날을 복되게 하사 거룩하게 하셨으니 이는 하나님이 그 창조하시며 만드시던 모든 일을 마치시고 그날에 안식하셨음이니라
_창 2:3

하나님은 "일곱째 날"을 "거룩하게" 하십니다. '거룩하다'라는 말이 성경에 처음 등장하는데, 가장 먼저 사람을 거룩하게 하시는 것이 아니라 시간을 거룩하게 하십니다. "일곱째 날"이라는 시간을 복되게 하시고, 거룩하게 하십니다. 이상하지 않습니까? 왜 하필 시간입니까?

안식이란 하나님과의 관계를 위해 존재하는 시간이기 때문입니다. 시간은 소유와 성취를 위해 창조된 것이 아닙니다. 죄인들은 더 많이 소유하기 위해 시간을 쓰고, 더 많은 성취를 얻기 위해 시간을 사용합니다. 자기 시간만이 아니라 주변 사람들의 시간도 온통 자신의 소유와 성취를 위해 흡입합니다. 이것은 시간의 착취이며 생명의 착취입니다. 일이 무엇입니까? 어떤 목적을 위해 시간과 자원을 결합하는 것이 일입니다. 그러므로 일은 시간의 소비입니다. 그래서 대부분의 일이 가시적입니다.

그러나 안식은 시간의 분리이며 일에서 사람을 건져 내는 시간입니다. 일에서 잠시 떨어져 일을 시작하신 분을 바라보는 시간입니다. 우리는 그 시간 안에서 일의 의미와 목적을 회복합니다. 그래서 안식은 비가시적입니다.

안식의 본질

만약에 인간이 자기를 닮은 로봇을 만든다면, 그는 어떻게 하겠습니까? 틈만 나면 만지작거리며 로봇이 제대로 작동하는지

사람.

안 하는지 움직여 보지 않겠습니까? 왜 그렇게 합니까? 자기가 만든 것에 확신이 없기 때문입니다. 제대로 만들었는지 스스로 미심쩍기 때문입니다.

그러나 하나님은 다르십니다. 창조주 하나님은 의심하지 않으십니다. 창조하신 것들을 보고 감탄하며 좋다고 말씀하십니다. 하나님은 자기 형상과 모양을 따라 지으신 아담을 흐뭇하게 바라보십니다. 하나님의 창조는 완전무결하기 때문입니다.

이처럼 멈추어 바라보는 시간이 안식입니다. 하나님은 이 시간을 복되게 하시고, 거룩하게 구별하십니다. 안식이야말로 창조의 모든 과정을 완성하는 시간이고, 피조물인 인간이 하나님을 인식하는 시간입니다. 마치 부모의 품에 안긴 아기가 부모와 눈을 맞추며 부모를 알아보고, 알아 가는 시간과도 같습니다. 아기는 종일 먹고 싸는 일을 합니다. 그러다가 배가 부르면 잠을 잡니다. 아기에게는 먹는 것도 일이고 자는 것도 일입니다. 자라기 위해 일하는 것입니다. 부모의 형상과 모양을 따라 태어난 몫을 다하기 위해 열심히 일합니다. 그러면 아기가 언제 쉼을 갖습니까? 부모와 눈을 맞추며 옹알거릴 때입니다. 몇 마디 안 되지만, 부모와 대화할 때입니다. 아기에게는 이 시간이 안식입니다.

하나님이 "안식"이라는 시간을 구별하신 까닭은 그 목적이 하나님과의 관계와 누림에 있기 때문입니다. 그렇지 않다면 왜 "일곱째 날"을 복되게 하고 거룩하게 하셨겠습니까? "안식"은 하나님이 인간과 특별한 관계를 맺기 위해 일과 구별하신 시간이기 때문입니다.

훗날 시내산에서 모세를 통해 주신 십계명을 보면, 하나님의
의도를 분명히 알 수 있습니다.

> 안식일을 기억하여 거룩하게 지키라 엿새 동안은 힘써 네 모든 일을 행
> 할 것이나 일곱째 날은 네 하나님 여호와의 안식일인즉 너나 네 아들
> 이나 네 딸이나 네 남종이나 네 여종이나 네 가축이나 네 문안에 머무
> 는 객이라도 아무 일도 하지 말라 이는 엿새 동안에 나 여호와가 하늘
> 과 땅과 바다와 그 가운데 모든 것을 만들고 일곱째 날에 쉬었음이라 그
> 러므로 나 여호와가 안식일을 복되게 하여 그날을 거룩하게 하였느니라
> _출 20:8-11

안식일 규정은 십계명 중 네 번째 계명입니다. "안식"은 소유
와 성취를 향해 질주하는 인간들에게 멈추라고 하시는 명령입니
다. 일단 멈추어서 존재 이유를 생각하라는 것입니다. 이 명령은
어른들에게만 해당하는 것이 아닙니다. 자녀들에게도 똑같이 적
용됩니다. 이 명령은 주인들에게만 해당하는 것이 아닙니다. 종
들에게도 똑같이 적용됩니다. 심지어 내 집에 온 손님에게도 적
용됩니다. 놀라운 것은 안식이 가축들에게도 적용되어야 한다는
사실입니다. 가축들에게도 쉼이 필요하다는 배려입니다. 하나님
이 복되게 하고 거룩하게 하신 "그날"에는 안식이라는 시간을 누
려야만 하나님과의 관계가 회복되고, 유지됩니다.

역사상 노동자의 권리는 어떻게 신장해 왔습니까? 창세기에 기록된 하나님의 명령 덕분입니다. 안식에는 예외가 없습니다. 모두 일을 멈추어야 합니다.

그런데 애굽은 이스라엘 민족을 어떻게 대했습니까? 쉼을 허락하지 않고, 갈수록 일을 가혹하게 시켰습니다. 그야말로 쓰러질 때까지 부려 먹은 것입니다. 견디다 못해 쓰러지고, 고달픔에 부르짖어도 채찍질을 멈추지 않았습니다.

신명기에서 하나님은 이스라엘 백성들에게 애굽에서의 종살이를 기억하고, 안식을 지키라고 말씀하십니다.

네 하나님 여호와가 네게 명령한 대로 안식일을 지켜 거룩하게 하라 엿새 동안은 힘써 네 모든 일을 행할 것이나 일곱째 날은 네 하나님 여호와의 안식일인즉 너나 네 아들이나 네 딸이나 네 남종이나 네 여종이나 네 소나 네 나귀나 네 모든 가축이나 네 문 안에 유하는 객이라도 아무 일도 하지 못하게 하고 네 남종이나 네 여종에게 너 같이 안식하게 할지니라 너는 기억하라 네가 애굽 땅에서 종이 되었더니 네 하나님 여호와가 강한 손과 편 팔로 거기서 너를 인도하여 내었나니 그러므로 네 하나님 여호와가 네게 명령하여 안식일을 지키라 하느니라_신 5:12-15

왜 종들도 안식해야 합니까? 애굽에서 종살이하던 이스라엘 백성들을 하나님이 인도하여 구원해 주셨기 때문입니다. 애굽 땅에서 안식하지 못했던 일을 기억하여 안식일을 지키라고 명령하십니다.

종과 자유인의 구별 기준이 무엇입니까? 안식이 있느냐 없느냐의 차이입니다. 일과 쉼이 나누어져 있느냐 아니냐의 차이입니다. 한 걸음 더 나아가면, 쉴 줄 아느냐 모르느냐의 차이입니다. 더 깊이 들어가면, 하나님의 복을 누리며 거룩을 회복하는 시간이 있느냐 없느냐의 차이입니다.

안식은 피조물의 피조물됨을 기억하는 데서부터 비롯됩니다. 존재의 근원을 기억하는 시간이기 때문입니다. 안식은 자신이 어디서 와서 어디로 가는지를 확인하는 시간입니다. 하나님과 바른 관계를 유지함으로써 자신의 존재 이유와 목적을 성취할 수 있음을 고백하는 시간입니다. 일하다가 피곤해서 쉬는 시간이 아니며 고단해서 퍼지는 시간이 아닙니다. 안식의 본질은 하나님과의 관계에 있기 때문입니다.

안식은 구원과 불가분의 관계다

안식은 소유와 성취의 동력에서 벗어나 하나님 안에서 자유함을 누리는 시간입니다. 따라서 안식일을 지켜야 한다는 부담을 줘서는 안 됩니다. 그런데 바리새인들은 어떻게 했습니까? 그들은 율법에 묶여서 오히려 안식하지 못했습니다. 자기만 못한 것이 아니라 다른 사람들도 안식을 누리지 못하도록 막았습니다.

그래서 예수님은 바리새인들의 생각을 뒤흔드십니다. 안식일에 예수님이 밀밭을 지나실 때, 제자들이 배고픔을 이기지 못하고 이삭을 잘라 먹었습니다. 그것을 본 바리새인들이 문제를 삼자 예수님은 다윗과 일행이 배가 고픈 나머지 성전에 들어가서 제사장만 먹을 수 있는 진설병을 먹은 예를 들면서 이렇게 말씀하십니다(마 12:1-4).

> 나는 자비를 원하고 제사를 원하지 아니하노라 하신 뜻을 너희가 알았더라면 무죄한 자를 정죄하지 아니하였으리라 인자는 안식일의 주인이니라 하시니라_마 12:7-8

또 안식일에 한 회당에서 가르치실 때, 18년간 귀신 들려 불구가 된 여자를 보시고 그 자리에서 고쳐 주십니다. 다른 날에 고쳐 주셔도 될 텐데, 의도적으로 안식일 규정을 어기신 것입니다. 그것을 본 회당장이 화를 내자 예수님이 이렇게 꾸짖으십니다.

> 주께서 대답하여 이르시되 외식하는 자들아 너희가 각각 안식일에 자기의 소나 나귀를 외양간에서 풀어내어 이끌고 가서 물을 먹이지 아니하느냐 그러면 열여덟 해 동안 사탄에게 매인 바 된 이 아브라함의 딸을 안식일에 이 매임에서 푸는 것이 합당하지 아니하냐_눅 13:15-16

예수님은 '매임에서 풀리는 것'이 안식이라고 말씀하십니다. 안식을 누려야만 우리는 자신이 무엇에 매여 있는지를 깨달을 수 있습니다. 그 매는 것을 스스로 끊어 내고자 결단하지 않으면, 우리는 세상에 휩쓸려 떠내려가게 됩니다. 결국 세상이 요구하는 대로 모든 것을 내주고, 애굽에서 종살이하던 이스라엘 백성과 하나도 다를 바 없는 삶을 살게 될 것입니다. 세상에 속한 자의 삶입니다.

질병이건 일이건 소유건 매인 데서 풀려나는 것이 안식이라면, 안식은 구원과 불가분의 관계라고 할 수 있습니다. 그래서 하나님이 이스라엘 백성을 애굽에서 끄집어내어 광야로 인도하신 것입니다. 광야란 어떤 곳입니까? 일할 것이 없는 곳입니다. 하나님은 애굽에서 430년간 종살이하느라 일에 찌들대로 찌든 그들을 광야로 불러내어 강제로 안식하게 하십니다. 쉴 줄 모르게 된 사람들의 삶에서 일을 끊어 내고, 안식일을 규정해 줌으로써 쉼의 리듬을 회복하게 하는 것이 구원의 본질입니다. 매인 데서 풀려나는 것이 구원 아닙니까? 이스라엘 백성은 광야에서 새 삶을 시작할 것입니다.

교회를 뜻하는 헬라어 '에클레시아'는 '밖으로 불러낸 사람들'을 가리킵니다. 교회는 엿새 동안 일에 매여 있던 사람들이 부르심을 받고 일에서 벗어나 모이는 곳입니다. 그래서 교회는 안식하는 곳입니다. 주일은 교회에서 안식하며 일의 의미와 목적을 새롭게 성찰하고 점검하는 시간이 되어야 합니다. 사역하느라 바쁜 날이 아니라 안식을 통해서 회복을 맛보는 날이 되어야 합니다. 안식일에는 일하는 것이 중요하지 않습니다. 하나님을 기억하고, 우리를 향한 하나님의 뜻과 우리가 받은 소명을 확인하는 것이 더 중요합니다. 주일은 멈춤을 통해 일의 단락을 짓고, 안식함으로써 구원의 삶을 체질화하는 날이기 때문입니다.

안식은 하나님이 우리를 지키시는 하나의 방법입니다. 그러므로 십계명의 "안식일을 기억하여 거룩하게 지키라"(출 20:8)는 말씀은 우리에게 무거운 짐을 지우게 하려는 것이 아니라 하나님 및 다른 사람과 건강한 관계를 맺게 하는 비법으로 주신 것입니다.

그런데 왜 예수님은 이 안식일을 일부러 깨뜨리려 하십니까? 안식일이 안식의 본질에서 벗어났기 때문입니다. 안식일 규정이 오히려 구원의 본질을 해쳤기 때문입니다. 하나님과의 관계를 회복시키는 것이 아니라 오히려 더 멀어지게 만들었기 때문입니다. 바리새인들은 안식을 또 다른 '일'로 만들어 놓았습니다.

월화수목금금금으로 사는 사람들, 일과 안식을 구분하지 못하는 사회는 예외 없이 파괴적인 결과를 경험하기 마련입니다. 안식을 누리지 못해 피로한 사회에 닥치는 결과란 무엇입니까? 피로가 누적되어, 다들 건드리면 폭발할 준비가 되어 있을 정도로 화가 나 있습니다. 삶의 의미와 목적을 잃고, 중심에서부터 올라오는 기쁨을 잃어버린 탓에 기껏 위안으로 찾는 것이 음란물입니다. 그렇습니다. 피로 사회는 곧 분노 사회이고, 음란 사회입니다. 일에 매이고, 소유와 탐욕에 매이고, 어리석음과 분노와 음란에 매임으로써 허무한 삶을 살게 됩니다.

그리스도인이라고 다릅니까? 주일 성수를 해도, 교회에서조차 안식 없이 일만 할 수도 있습니다. 안식일의 규정을 지키느라 되레 안식을 잃어버리고, 예배드리면서도 기쁨을 누리지 못하고, 헌신하면서도 평안을 누리지 못한다면 세상 사람들과 다를 것이 무엇입니까? 모두 하나님과의 관계 회복에 초점을 맞추지 않은 탓에 얻는 불행입니다.

안식의 기준은 무엇이고, 경계는 무엇입니까? '하나님과의 올바른 관계를 누리고 있느냐'입니다. 우리는 하나님께 예배(제사)를 드려야 한다고 생각하지만, 예수님은 하나님이 원하시는 것은 형식적인 예배가 아닌 자비라고 말씀하십니다. 호세아 선지자도 마찬가지로 하나님은 의식적인 제사가 아닌 인애(사랑)를 원하신다고 말합니다(호 6:5).

안식은 잠잠히 하나님을 바라보는 시간이며, 예수님 안에서 쉼을 얻는 시간입니다. 안식을 누리지 않는 한 인간은 아무것도 할 수 없고 아무것도 될 수 없음을 기억하십시오.

무거운 짐을 내려놓고 안식을 누리라

일주일의 엿새 동안 우리가 짊어지고 사는 삶의 무게가 얼마나 무겁습니까? 예수님이 우리에게 말씀하십니다.

수고하고 무거운 짐 진 자들아 다 내게로 오라 내가 너희를 쉬게 하리라

나는 마음이 온유하고 겸손하니 나의 멍에를 메고 내게 배우라 그리하면 너희 마음이 쉼을 얻으리니 이는 내 멍에는 쉽고 내 짐은 가벼움이라 하시니라_마 11:28-30

이것은 당시 안식일을 철저히 지키던 이스라엘 백성들을 향해 던지신 예수님의 초대장입니다. 진정한 안식이란 안식일의 주인이신 예수님 안에 머무르는 것이라고 말씀하십니다. 그리고 하나님이 복되고 거룩하게 하신 안식이 인간을 어떻게 변화시키는지를 말씀해 주십니다.

온유와 겸손은 안식할 줄 아는 사람들의 특징입니다. 몸과 마음이 쉼을 누리면 멍에가 쉬워지고, 짐이 가벼워집니다. 다른 사람과의 관계도 부담스럽지 않습니다. 그러니 짜증이나 화를 낼 일이 없습니다. 누가 짜증 내고 싶어서 냅니까? 누가 작심하고 화를 냅니까? 안 내려고 해도 안 되니까 폭발하는 것 아니겠습니까? 하나님이 복되고 거룩하게 하신 안식을 반드시 누려야만 피로하지 않고, 분노하지 않고, 음란에서 벗어날 수 있습니다.

20여 년 전에 예수님을 믿고 나서 공교롭게도 바쁜 자리에서 점점 한직으로 밀려나기 시작했습니다. 저는 이것을 두 가지로 해석했습니다. '예수를 믿으면 고난이 온다더니 이제 시작이로구나' 하는 해석이 하나고, '과연 빛과 어둠은 함께하지 못하는구나' 하는 해석이 하나였습니다. 그런데 나중에서야 그 두 가지보다 더 중요한 사실을 깨달았습니다. 하나님이 나를 애굽의 고된 종살이에서 광야의 한적한 삶으로 옮겨 주셨다는 것입니다. 바로 그 길이 하나님의 구원이었던 것입니다.

대개 사람들은 한직으로 밀려나면 '내 인생 끝났나 보다' 하는 생각에 낙담하지만, 하나님이 우리를 구원하시는 방법의 하나일 수 있습니다. 하나님을 기억하는 시간, 하나님을 만나기에 더 풍성한 시간을 허락하시는 것입니다. 우리는 하던 일을 멈추고 쉴 수밖에 없는 곳을 광야라고 부르지만, 사실 그곳은 하나님만 바라봐도 되는 복된 곳입니다. 무거운 짐을 내려놓고 쉼을 얻고, 세상의 멍에를 풀고 주님이 주시는 쉬운 멍에로 갈아 매는 곳입니다. 안식을 배우고, 안식에 머무르고, 안식을 누리는 것이 복입니다. 안식할 줄 아는 것이야말로 진정으로 잘되는 것이며 잘 사는 것입니다.

그러니 삶의 분주함에서 벗어나게 될 때, 순순히 받아들이게 되기를 바랍니다. 다른 일들로 바쁘게 살려고 애쓰지 마십시오. 세상에서 치열하게 일하던 습관 그대로 교회에서 일하려고 하거나 세상에서 일할 기회가 없으니 교회에서라도 열심히 일하여 인정받고 싶어 하는 것은 둘 다 건강한 모습이 아닙니다. 교회는 일 중독을 끊는 곳이 되어야 합니다. 교회에서마저 사역 중독에 내몰려서는 안 됩니다.

태초에 하나님이 일곱째 날을 복되게 하고, 거룩하게 하신 이유를 기억하십시오. 하나님은 자기 형상과 모양을 따라 지으신 사람과 교제하기를 원하십니다. 안식의 시간은 하나님이 우리를 자기 품으로 부르시는 시간이며 진정으로 하나님을 닮아 가는 시간입니다. 하나님이 우리에게 주시는 안식의 복을 놓치지 마십시오. 주일마다 부활하신 예수님을 기뻐할 뿐만 아니라 주 안에서 안식하기를 바랍니다. 날마다 주님과 동행하며 안식의 능력을 일상에서 경험하기를 바랍니다.

안식은 일에서 잠시 떨어져
일을 시작하신 분을 바라보는 시간이다.

6

먹지 말라고 하실 것을
왜 주셨을까?

네가 반드시 죽으리라

창 2:4-17

인생에 가장 큰 문제는 무엇입니까? 죽고 사는 문제가 아니겠습니까? 왜 이토록 치열하게 일합니까? 살자고 하는 일입니다. 왜 삼시 세끼를 먹는 데 그토록 신경을 쓰고, 좋은 먹거리를 찾아 전국을 누빕니까? 다 잘살아 보려고 하는 일입니다. 그런데 왜 병원마다 만원입니까? 건강하게 살고 싶은데, 뜻대로 안 되기 때문입니다. 아무리 노력해도 뜻대로 되지 않는 것이 인생이라고 많은 사람이 말합니다. 나름대로 풍족한 복을 누리며 건강하게 살았어도 마지막에는 누구도 피할 수 없는 문제에 부딪히게 됩니다. 바로 죽음입니다.

짧은 인생을 사는 동안에 내가 누구인지, 왜 살며 무엇을 위해 사는지에 대한 분명한 답을 찾아내지 못하면, 일생 괴로움만 겪다가 마감할 수도 있습니다. 그러니 죽고 사는 문제부터 해결해야 하지 않겠습니까? 성경은 바로 그 죽고 사는 문제의 해결책을 제시하는 책입니다.

창세기 2장은 태초에 하나님이 엿새 동안 천지 만물을 창조하시고 나서 일곱째 날에 안식하신 이야기로 시작합니다. 그리고 잠시 시계를 돌려 천지가 창조되던 때를 대강 돌아봅니다. 사람이 창조되기 전의 땅과 하늘입니다.

이것이 천지가 창조될 때에 하늘과 땅의 내력이니 여호와 하나님이 땅과 하늘을 만드시던 날에 여호와 하나님이 땅에 비를 내리지 아니하셨고 땅을 갈 사람도 없었으므로 들에는 초목이 아직 없었고 밭에는 채소가 나

사람.

지 아니하였으며 안개만 땅에서 올라와 온 지면을 적셨더라_창 2:4-6

갓 지어진 땅 위에는 안개만 자욱합니다. 지구에 사람이 없던 때를 상상해 보십시오. 사람이 살지 않는 폐가를 본 적 있습니까? 귀신이 나올 것처럼 괴기스러운 분위기일 것입니다. 아무리 큰 집이라도 사람이 살지 않으면 온기가 없고, 아무리 큰 차라도 사람이 타지 않으면 쇳덩이에 불과합니다. 그러고 보면 가치란 사람에게서 비롯됩니다. 상거래의 중심은 물건이 아니라 사람입니다. 물건의 가치를 사람이 매기기 때문입니다. 신도시에 들어선 어마어마한 아파트 단지들을 보십시오. 건물 자체의 값어치가 얼마나 되겠습니까? 그 안에 사람이 들어가 살아야만 비로소 값어치가 생깁니다.

천지 만물을 창조하신 하나님은 피조 세계에 값어치를 부여할 사람을 마지막에 창조하셨습니다.

거룩한 이름, 여호와 하나님

텅 빈 것 같던 천지에 사람이 등장하는 순간, 별안간 모든 것이 달라집니다. 마치 한 가정에 아기가 태어난 뒤의 풍경과도 같습니다. 아기 울음소리가 들리는 순간부터 집안 분위기가 달라집니다. 모든 것이 아기를 중심으로 움직이기 시작합니다. 먹고 마시는 것부터 심지어 숨 쉬는 것까지도 아기를 중심으로 재편되지 않습니까? 태초에 사람이 창조되던 순간도 이와 같았습니다.

우리는 "여호와 하나님"이란 표현에 주목해야 합니다. 창세기 1장에도 "하나님"이란 단어가 등장하지만, 히브리어로는 '엘로힘'이고, 삼위일체의 개념이 담긴 복수적 단수입니다. 그런데 '여호와'는 단수입니다. 구약 성경에서 '엘로힘'은 680회 등장하는데, '여호와'는 무려 6,007회나 등장합니다.

여호와는 원래 모세가 호렙산 기슭의 떨기나무 불꽃 가운데서 말씀하시는 하나님을 만났을 때, 그가 하나님의 이름을 묻자 하나님이 "나는 스스로 있는 자이니라"(출 3:14)라고 대답하신 데서 붙여진 이름입니다. "나는 스스로 있는 자이니라"는 히브리어로 '에흐예 아쉐르 에흐예'인데, 영어 성경에는 "I am who I am"(NIV, NASB)이나 "I AM THAT I AM"(KJV)으로 번역되어 있습니다.

알려지다시피 창세기, 출애굽기, 레위기, 민수기, 신명기 등 모세오경의 저자는 모세입니다. 그런데 모세가 창세기부터 순서대로 쓴 것은 아닙니다. 출애굽기를 기록하다가 이스라엘 백성이 어쩌다가 애굽에 들어가게 되었는지를 추적해 들어간 것이 바로 창세기입니다. 따라서 창세기를 기록할 당시에 모세는 이미 하나님의 이름을 들어서 알고 있는 상태였던 것입니다.

"나는 스스로 있는 자이니라"라는 표현을 보면, 하나님은 과거도 없고 현재도 없고 미래도 없으신 분임을 알 수 있습니다. 시간을 창조하신 분이 시간에 구속될 리가 없습니다. 하나님은 시제가 필요 없는 초월적인 존재이십니다.

사도 요한은 예수님이 자신을 소개할 때, "나는 나다"(I am) 형태로 소개하시는 것을 들었습니다. 헬라어로 '에고 에이미'인데, 이 문구는 "나는 생명의 떡이다", "나는 세상의 빛이다", "나는 양의 문이다", "나는 선한 목자다", "나는 부활이요 생명이다", "나는 길이요 진리요 생명이다", "나는 참포도나무다" 등 일곱 군데에서 사용되었습니다(요 6:35; 8:12; 10:7; 10:11; 11:25; 14:6; 15:1).

그는 처음에는 '에고 에이미'의 의미를 명확히 알지 못했습니다. 사실 '에고 에이미'는 이스라엘 사람이라면 단번에 알아들을 수 있는 표현입니다. 바로 구약 성경의 '여호와'를 가리키는 표현이기 때문입니다. 그는 예수님의 자기소개가 곧 자신이 하나님임을 밝히신 것이라는 사실을 나중에서야 깨달았습니다.

고대 이스라엘 사람들은 '여호와'라는 이름을 입에 올리지 않았습니다. 왜냐하면 하나님이 십계명에 "너는 네 하나님 여호와의 이름을 망령되이 일컫지 말라"(신 5:11)고 하셨기 때문입니다. 심지어 성경을 베껴 쓰던 필사자들은 '여호와'를 한 번 쓰고 나면 붓을 꺾고, 새 붓을 꺼내 썼다고 합니다. 그래서 구약 성경을 필사하려면 붓이 6,007자루나 필요했다고 전해집니다.

하나님의 거룩한 이름을 입에 올리지 않기 위해 대신 사용한 표현이 바로 '주님'인데, 히브리어로 '아도나이'입니다. 성경을 읽다가 '여호와'가 나오면 그때마다 '아도나이'로 고쳐 읽곤 했습니다. 영어 성경은 '아도나이'를 "the Lord"로 번역하고, '여호와'는 "the LORD God"으로 번역합니다.

여호와 하나님이 땅의 흙으로 사람을 지으시고 생기를 그 코에 불어넣으시니 사람이 생령이 되니라_창 2:7

성경은 사람의 원재료가 "흙"이라고 말합니다. 그러나 "흙"은 그나마 좀 낫게 표현한 번역입니다. 영어 성경은 히브리어 '아파르'의 원뜻에 맞게 "the dust of the ground"(KJV, NIV) 또는 "dust from the ground"(NASB)로 번역했습니다. 아파르는 원래 '마른 흙'을 가리키지만, '먼지'나 '티끌'이라는 뜻도 있습니다. 즉 인간은 먼지나 티끌 같은 존재라는 뜻입니다. 이것이 성경이 가르치는 인간의 실존입니다. "털어서 먼지 안 나는 사람 없다"는 속담이 있는데, 얼마나 정확한 표현입니까? 사람을 털면, 원재료가 먼지이니 먼지가 나오는 게 당연합니다. 털면 털수록 먼지밖에 나올 게 없습니다.

먼지로 빚은 존재가 언제 어떻게 생명을 얻습니까? 여호와 하나님이 그 코에 "생기"를 불어넣어 주시니 비로소 "생령"이 됩니다. "생기"란 생명의 호흡입니다. 영어 성경은 "생령"을 "living soul"(KJV), "living being"(NIV, NASB), "living creature"(ESV) 등으로 번역합니다. 즉 '여호와 하나님이 땅의 먼지로 사람을 지으시고, 생명의 호흡을 그 코에 불어넣으시니 사람이 살아있는 존재가 되었다'는 뜻입니다. 반대로 하나님이 그에게서 생명의 호흡을 거두어 가시면, 사람은 다시 먼지로 돌아가야 합니다.

선택할 수 있는 권한이 있어야 기쁨이 있다

하나님은 생령이 된 사람을 아름다운 정원으로 인도하십니다. 바로 에덴동산입니다.

여호와 하나님이 동방의 에덴에 동산을 창설하시고 그 지으신 사람을 거기 두시니라 여호와 하나님이 그 땅에서 보기에 아름답고 먹기에 좋은 나무가 나게 하시니 동산 가운데에는 생명나무와 선악을 알게 하는 나무도 있더라_창 2:8-9

히브리어 '에덴'은 '기쁨'이라는 뜻입니다. 하나님은 사람을 기쁨이 차고 넘치는 곳으로 인도해 주셨습니다. 그곳에는 '보기에도 아름답고 먹기에도 좋은 나무'가 무성합니다. 수많은 나무 중에 특별히 두 나무가 소개됩니다. "생명나무와 선악을 알게 하는 나무"입니다. "선악을 알게 하는 나무"는 "생명나무"와 대비되는 나무라는 것을 알 수 있습니다. 즉 바꾸어 말하면, 생명나무와 죽음의 나무라고 할 수 있을 것입니다. 이는 곧 사는 길과 죽는 길을 의미합니다.

선악을 알게 하는 나무의 열매는 먹지 말라 네가 먹는 날에는 반드시 죽으리라 하시니라_창 2:17

먹지 말라고 하실 것을 왜 주셨을까요? 독극물을 안 만들면 될 텐데, 왜 만들어서 해골 표시를 하십니까? 하나님은 왜 기쁨의 동산에 죽음의 나무를 두시느냐는 말입니다. 이는 인간에게 자유의지를 주셨기 때문입니다. 자유의지는 선택의지입니다. 인간이 고르고 선택할 자유를 주셨다는 뜻입니다. 어떤 사람은 "왜 사람에게 선택권을 주십니까? 그런 건 애초에 선택하지 않도록 막으시면 되지 않습니까?"라고 묻습니다. 그러나 하나님의 뜻은 기쁨의 동산에서 선택하는 기쁨을 누리라는 것입니다. 선택할 수 있는 권한이 없다면, 무슨 기쁨이 있겠습니까? 선택과 기쁨, 자유와 기쁨은 불가분의 관계입니다. 자유는 언제나 선택을 전제하고, 기쁨은 언제나 선택의 산물입니다.

부모는 공부하기 싫어하는 아이에게 공부하지 않으면 어떤 결과가 있을지 설명해 줍니다. 설명을 왜 합니까? 아이가 선택할 수 있기 때문입니다. 또 아이를 사랑하기 때문입니다. 사랑하기 때문에 선택권을 주고, 선택할 수 있기 때문에 바른 선택을 할 수 있도록 알려 주는 것입니다. 아이가 좋은 선택을 할 때, 아이도 기쁘고 부모도 기쁩니다.

그런데 "선악을 알게 하는 나무의 열매"를 먹으면, 왜 "반드시" 죽어야 합니까? 하나님이 그렇게 정하셨기 때문입니다. 인간은 하나님의 형상과 모양을 따라 지어진 존재가 맞지만, 하나님은 아닙니다. 인간이 하나님처럼 선과 악을 판단하기 시작하면, 에덴에서 기쁨이 사라질 것입니다.

선과 악은 달리 말하면 '좋다'와 '나쁘다'의 기준입니다. 인간 자신이 좋고 나쁘고의 기준이 된다면, 공동체는 존재할 수 없습니다. 저마다 '나는 선하고, 너는 악하다'고 주장하기 시작하면, 순식간에 갈등과 투쟁으로 치달을 게 뻔하지 않습니까? 우리는 기쁨을 다 빼앗기고, 결국 만인 대 만인이 투쟁하는 세상을 살게 될 것입니다.

하나님은 우리가 선악을 알게 하는 나무가 아닌 생명나무를 선택함으로써 피조물로서의 자신의 위치를 기억하고, 하나님을 찬양하고 경배하기를 바라고 자유의지를 주셨을 것입니다. 사랑은 선택이기 때문입니다. 내가 자발적으로 선택해야 사랑입니다. 마지못해서 하는 것이 무슨 사랑입니까? 하나님은 우리와 교제하기 위해 우리에게 선택의지를 주셨습니다.

하나님은 원래 사람이 에덴에서 어떻게 살아가면 좋을지에 관한 계획이 있으셨습니다. 에덴이라는 원형에 담긴 하늘의 뜻이 온 땅에 온전히 확장되기를 원하신 것입니다. 그러려면 에덴동산에서부터 강이 흘러나와야 합니다. 기쁨의 샘에서부터 기쁨이 흘러가야 하기 때문입니다.

강이 에덴에서 흘러나와 동산을 적시고 거기서부터 갈라져 네 근원이 되었으니 첫째의 이름은 비손이라 금이 있는 하윌라 온 땅을 둘렀으며 그 땅의 금은 순금이요 그곳에는 베델리엄과 호마노도 있으며 둘째 강의 이름은 기혼이라 구스 온 땅을 둘렀고 셋째 강의 이름은 힛데겔이라 앗수르 동쪽으로 흘렀으며 넷째 강은 유브라데더라_창 2:10-14

에덴에서 발원한 강이 흘러넘쳐 동산을 적시고, 네 방향으로 흘러갑니다. "비손"과 "기혼"과 "힛데겔"과 "유브라데"입니다. 지금은 첫째 강과 둘째 강의 위치를 알 수 없지만, 셋째 강과 넷째 강은 각각 티그리스강과 유프라테스강입니다. 생존을 위해 마실 물이 필요한 인간은 강을 따라 삽니다. 강을 깨끗하게 지키는 것은 곧 생명을 지키는 일입니다. 하나님은 흘러가는 강 주위로 생명이 자라게 하셨습니다. 강이 흘러가는 길을 따라 사람들이 흩어져 살 수 있도록 하기 위해서입니다. 인간은 강줄기를 따라서 생명을 확장해 나갈 것입니다.

하나님의 명령의 본질

인간은 에덴동산에서 살게 되었습니다. 그곳에는 그가 해야 할 일이 있었습니다.

여호와 하나님이 그 사람을 이끌어 에덴동산에 두어 그것을 경작하며 지키게 하시고_창 2:15

사람은 에덴을 지키며 경작해야 합니다. "경작"은 가꾸는 것이며 이것은 인간이 자연을 섬기는 방식의 하나입니다. 에덴을 섬긴다는 것은 바로 에덴의 청지기가 된다는 뜻입니다. 또 에덴을 지키는 것은 자연을 섬기는 또 하나의 방식으로 하나님이 만드신 것을 그대로 유지한다는 뜻입니다. 인간은 에덴에서 살 권리가 있는 동시에 에덴을 지켜야 할 의무가 있는 것입니다. 하나님은 인간에게 자연을 자연답게 가꾸고 지켜 나갈 임무를 맡기셨습니다.

이것은 "생육하고 번성하여 땅에 충만하라, 땅을 정복하라, 바다의 물고기와 하늘의 새와 땅에 움직이는 모든 생물을 다스리라"(창 1:28)고 하신 소위 문화 명령의 하나입니다. 땅을 정복하고, 모든 생물을 다스리는 일을 맡기기 위해서 하나님은 특별히 땅에서 취한 먼지와 티끌로 인간을 만드셨습니다. 땅에서 취해야 땅을 알고, 땅을 소중히 여기지 않겠습니까? 땅으로 돌아가야 한다는 사실을 잊지 않아야 땅을 귀하게 여길 줄 알지 않겠습니까? 이처럼 땅은 인간의 출생과 밀접한 관계가 있습니다.

인간이 땅을 어떻게 대해야 할지가 분명해집니다. 인간이 땅을 섬기고 지킨다면, 땅이 오염될 일이 어디 있겠습니까? 어떻게 온 땅이 쓰레기로 뒤덮일 수 있겠습니까? 땅을 오염시키는 것은 인간 자신을 오염시키는 것과 마찬가지인데, 어떻게 땅속에 온갖 유해물질을 묻을 수가 있겠습니까?

인간이 섬기고 지켜야 할 것은 땅만이 아닙니다. 땅이 끝나는 곳에서부터 시작되는 바다도 섬기고 지켜야 합니다. 땅이 오염되면, 바다는 어떻겠습니까? 땅의 오염이 어디로 흘러가겠습니까? 얼마 전에 고래 사체의 배를 갈랐더니 플라스틱 쓰레기가 잔뜩 나왔다는 뉴스를 본 적이 있습니다. 왜 이 지경에 이르렀습니까?

창조주 하나님이 피조물인 인간에게 명령하시는데, 인간이 하나님의 명령을 귓전으로 흘려듣기 때문입니다.

> 여호와 하나님이 그 사람에게 명하여 이르시되 동산 각종 나무의 열매는 네가 임의로 먹되 선악을 알게 하는 나무의 열매는 먹지 말라 네가 먹는 날에는 반드시 죽으리라 하시니라_창 2:16-17

하나님은 인간에게 에덴동산의 모든 나무의 열매를 마음껏 먹으라고 말씀하십니다. 그러나 단 한 가지만은 먹지 말라고 명령하십니다. 먹지 말라는 것이 명령의 본질입니까? 아니면 마음대로 먹으라는 것이 명령의 본질입니까? 하나님이 인간에게 주신 명령의 본질은 허락에 있습니다. 하나님이 허락하신 것이 도대체 얼마나 광범위합니까? 인간에게 허락된 자유가 얼마나 포괄적입니까? 사실상 모든 것이 자유입니다. 단 한 가지만 금지한 것입니다.

금지된 한 가지의 이유를 보십시오. 그걸 먹으면, 반드시 죽을 것이기 때문에 먹지 말라는 것입니다. 자식이 죽을 텐데, 그냥 두고 볼 아버지가 어디 있습니까? 잘못하면 죽을 걸 뻔히 아는데, 안 알려 주는 부모가 어디 있습니까? 하나님은 무엇 때문에 금지 명령을 내리셨습니까? 생명을 살리기 위해서입니다.

곳곳에 도로표지판을 달아놓는 이유가 무엇입니까? 왜 속도를 제한하고, 왜 신호등을 달아 놓습니까? 우리를 괴롭히기 위해서

일까요? 위반하도록 유도하여 벌금을 걷기 위해서일까요? 아닙니다. 위험에서 생명을 지키기 위해서입니다. 안전하게 보호하기 위해서입니다. 도로표지판 하나에도 생명 보호의 정신이 담겨 있는데, 하물며 하나님의 금지 명령은 어떻겠습니까?

에덴동산에서 하나님이 사람에게 주신 명령은 모든 것을 먹고 또 먹을 수 있는 자유를 주시기 위한 것이었습니다. 원래 금지란 자유가 무엇인지 알고, 그 한계를 깨닫게 하여 안전하게 지켜 주기 위한 것입니다. 하나님의 금지 명령은 기쁨을 위한 것입니다. 하나님이 인간에게 자유의지를 주시지만, 자유를 빼앗을 자유는 허락하지 않으시고, 기쁨을 파괴할 선택도 허락하지 않으십니다. 이것이 자유의 본질입니다.

우리에게 넘치도록 많은 자유를 주셨는데, "선악을 알게 하는 나무의 열매는 먹지 말라"는 명령 하나 지키는 게 그렇게 힘든 일입니까? 부부간에 선악을 판단하지 않는 것이 그렇게 어려운 일일까요? 자녀의 성적표를 보고, 선악을 판단하지 않는 것이 그토록 불가능한 일입니까? 부부가 또는 부모와 자녀가 선악을 알게 하는 나무 대신에 생명나무의 열매를 함께 먹는 것이 그렇게 부족해 보입니까? 왜 우리는 생명나무의 열매를 나누어 먹는 것으로 만족하지 못할까요?

날마다 생명나무의 열매를 먹어야 한다

생명나무란 대체 무엇입니까? 또 그 열매는 무엇입니까? 생명이 무엇인지 예수님이 가르쳐 주십니다.

> 살리는 것은 영이니 육은 무익하니라 내가 너희에게 이른 말은 영이요
> 생명이라_요 6:63

예수님의 영이 생명이요 예수님의 말씀이 곧 생명입니다.

사도 요한은 "오른손에 있는 일곱 별을 붙잡고 일곱 금 촛대 사이를 거니시는 이"(계 2:1)가 에베소 교회에 보내는 편지에서 "귀 있는 자는 성령이 교회들에게 하시는 말씀을 들을지어다 이기는 그에게는 내가 하나님의 낙원에 있는 생명나무의 열매를 주어 먹게 하리라"(계 2:7)고 하신 말씀을 듣습니다. 생명 되시는 예수님의 말씀을 듣고 순종하면, 생명나무의 열매, 곧 생명을 얻게 된다는 말씀입니다.

> 또 그가 수정같이 맑은 생명수의 강을 내게 보이니 하나님과 및 어린양
> 의 보좌로부터 나와서 길 가운데로 흐르더라 강 좌우에 생명나무가 있어
> 열두 가지 열매를 맺되 달마다 그 열매를 맺고 그 나무 잎사귀들은 만국
> 을 치료하기 위하여 있더라_계 22:1-2

새 하늘과 새 땅이 펼쳐진 곳에 생명수의 강이 흐릅니다. 이 강

은 하나님과 어린양의 보좌로부터 흘러나온 것입니다. 흐르는 강 양쪽에 생명나무가 있습니다. 생명나무의 열매는 생명을 주고, 그 잎은 만국을 치료하는 능력이 있습니다. 하지만 선악을 알게 하는 나무의 열매는 생명을 주지 않습니다. 열매 뒤에 도사리고 있는 사탄이 "왜 선과 악을 판단하는 일을 하나님에게만 맡기느냐? 그 정도는 너도 할 수 있으니 네가 알아서 하라"며 부추깁니다. 스스로 하나님처럼 될 수 있는데, 굳이 하나님의 명령을 들을 필요가 있느냐고 들쑤십니다.

사탄은 불순종의 영이요 비난과 비판의 영입니다. 세상은 "공중의 권세 잡은 자"(엡 2:2)들의 것입니다. 그들은 생명을 해치고, 죽음을 퍼뜨립니다. 하나님이 금하신 명령을 어기게 하는 세력입니다. 그들의 종용으로 사람들은 밤낮 선악과를 먹고, 종일 시시비비를 따집니다. 그 결과, 자기도 죽어 가고 남도 죽어 가게 합니다. 남의 생명을 빼앗는 것입니다.

하나님은 오늘도 말씀하십니다.

"네가 임의로 선악을 판단하고 시비를 가린다면 너는 반드시 죽을 것이다."

그러니 살려면 판단하는 것을 멈춰야 합니다. 누가 옳고 그른가만 따지고 들면 반드시 죽게 됩니다. 예수님은 간음한 여인을 붙잡아 온 자들에게 "너희 중에 죄 없는 자가 먼저 돌로 치라"(요 8:7)고 말씀하셨습니다. 진실로 의로운 자가 있으면, 돌로 쳐 보라는 것입니다. 인간이 선과 악을 놓고 다투기 시작하면, 그들이 기다릴 것은 죽음뿐입니다. 반드시 죽음이 찾아올 테니, 반드시 누군가는 죽어야 합니다. 죽는 자와 죽이는 자 중에 죽이는 자가 살아남는 것도 아닙니다. 사실, 남을 죽이는 자는 이미 죽은 자이기 때문입니다. 죽음이 죽음을 부릅니다.

"반드시 죽으리라"(창 2:17)는 말씀은 무슨 뜻입니까? 하나님과 더는 교제할 수 없는 존재가 된다는 뜻입니다. 그는 하나님의 생명을 더 이상 받을 수가 없습니다. 하나님에게서 끊어지는 존재가 된다는 뜻입니다. 물을 떠난 고기가 되고, 밑동이 잘린 나무가 된다는 뜻입니다. "살았다 하는 이름은 가졌으나 죽은 자"(계 3:1)가 된다는 뜻입니다. 그는 반드시 죽습니다.

살길은 단 한 가지뿐입니다. 하나님이 보내신 아들을 바라보는 것입니다. 선악 간의 판단을 멈추고, 십자가를 바라보는 것입니다. 그러면 삽니다. 불뱀에 물린 자가 장대 위에 달린 놋뱀을 쳐다보면 살듯이 십자가를 바라보면 살 수 있습니다(참조, 민 21:8).

우리는 죽음이 만연한 사회를 살고 있습니다. 지금은 비상한 때입니다. 죽음이 급속도로 확산되고 있습니다. 죽음을 피할 길은 하나입니다. "부활이요 생명"(요 11:25)이신 주님께로 돌이켜야 합니다. "길이요 진리요 생명"(요 14:6)이신 분께로 돌아가야 합니다. "생명의 떡"(요 6:35)이요 "세상의 빛"(요 8:12)이신 분에게로 돌아서야 합니다.

우리는 날마다 생명나무의 열매를 먹어야 합니다. 아침마다 생명의 만나를 먹고, 죽어 가는 자들에게 말해 주어야 합니다.

"당신들은 선악을 알게 하는 나무의 열매를 먹었으니 반드시 죽어야 하지만, 여기 살길이 하나 있습니다. 회복의 길이 있습니다. 생명의 길이 있습니다. 시간이 없습니다. 시간이 많지 않으니 어서 이 길로 돌아오십시오."

자유는 언제나 선택을 전제하고,
기쁨은 언제나 선택의 산물이다.

7

가정은 어떤 원리로
작동하는가?

부끄러움이 없는 관계

창 2:18-25

요즘 젊은이들은 혼자 살아야 할지 결혼해야 할지 고민이 많다고 합니다. 워낙 포기해야 할 것이 많아서 가정을 이루는 것을 포기해야 하나 하고 생각한다는 말을 들을 때마다 가슴이 아픕니다. 성경은 이 문제에 관해 무엇이라 말합니까? 갈등할 것 없이 메시지가 명확합니다. 결혼해야 한다고 말합니다. 남자와 여자가 반드시 한 가정을 이루어야 합니다.

혼자 사는 것을 좋아하는 사람이 있습니다. 무엇이든지 혼자 일하는 것이 체질에 맞는다고 말하는 사람이 있습니다. 그러나 하나님은 그렇게 말씀하시지 않습니다. 인간(人間)이라는 한자를 한번 보십시오. 흥미로운 점을 발견할 것입니다. 사실 사람을 가리키려면, 사람 인(人) 한 자만 말해도 됩니다. 그런데 왜 그 뒤에 사이 간(間) 자를 덧붙일까요? 서로 간의 관계 속에 있어야만 사람이기 때문입니다. 사람이 사람인 까닭은 더불어 존재하기 때문입니다. 짐승은 홀로 있어도 짐승이고 무리를 지어도 짐승이지만, 사람은 사람과 함께 있어야 사람입니다. 그것을 나타낸 말이 인간입니다. 사람은 사람들 가운데서 성장하지 않으면, 제대로 사람이 될 수 없습니다.

가정은 하나님이 선물로 주신 관계입니다. 하나님이 인간에게 만들어 주신 첫 번째 제도이기도 합니다. 그러므로 가정은 사회의 초석입니다. 가정이 회복하지 않으면, 사회도 회복하지 않습니다. 기초가 흔들리면, 그 위에 건축물을 세울 방법이 없습니다. 땅 위에 무엇을 짓거나 높이 쌓으려면, 기초부터 안정시켜야 합니다. 그러므로 우리는 사회의 기초인 가정이 어떻게 세워지고, 어떤 원리로 작동하는지를 알아야만 합니다.

창조의 기쁨을 맛보다

여호와 하나님이 이르시되 사람이 혼자 사는 것이 좋지 아니하니 내가 그를 위하여 돕는 배필을 지으리라 하시니라_창 2:18

하나님은 아담 혼자서 사는 것이 보기에 좋지 않다고 말씀하십니다. 그래서 그를 위해 "돕는 배필"을 지어 주기로 하십니다. 이 말씀은 창세기 1장에서 간단히 기록된 인간 창조의 순간에 대한 궁금증을 풀어 주는 보완 기사입니다. 1장 말씀을 다시 살펴보십시오.

하나님이 이르시되 우리의 형상을 따라 우리의 모양대로 우리가 사람을 만들고 그들로 바다의 물고기와 하늘의 새와 가축과 온 땅과 땅에 기는 모든 것을 다스리게 하자 하시고 하나님이 자기 형상 곧 하나님의 형상대로 사람을 창조하시되 남자와 여자를 창조하시고 하나님이 그들에게 복을 주시며 하나님이 그들에게 이르시되 생육하고 번성하여 땅에 충만하라, 땅을 정복하라, 바다의 물고기와 하늘의 새와 땅에 움직이는 모든 생물을 다스리라 하시니라_창 1:26-28

삼위 하나님은 자기 형상과 모양을 따라 사람을 만들기로 하시고, 그에게 맡길 소명도 함께 정하십니다. 그가 온 피조 세계를 다스릴 것입니다.

이때 사람을 남자와 여자로 만드셨다는 사실이 2장에서 보충된 것입니다. 여기서 주목할 것은 남자와 여자를 동시에 만들지 않으셨다는 것입니다. 창조의 순서가 있습니다. 남자를 먼저 만드시고 나서 여자를 만드셨습니다. 왜 남자에 이어서 여자를 만드셨는지에 관한 설명이 덧붙여집니다.

하나님은 아담을 통해 피조 세계를 다스리려고 하셨습니다. 그에게 이 땅을 작동시키는 마스터키를 주신 것이나 마찬가지입니다. 그럼으로써 아담은 하나님과 피조 세계를 연결하는 중간자적 존재가 되었습니다. 하늘과 땅을 연결하는 존재, 하늘의 뜻이 땅에서 이루어지도록 하는 존재, 하나님의 섭리가 이 땅 가운데 펼쳐지도록 하는 통로가 바로 인간 아담입니다.

그런데 막상 아담이 홀로 일하는 것을 보시니 썩 좋아 보이지 않았던 것입니다. 삼위 하나님이 함께 일하시듯 아담에게도 함께 일할 동반자가 필요해 보입니다. 그래서 "돕는 배필"을 붙여 주시겠다는 것입니다.

"돕는 배필"이란 '얼굴과 얼굴을 마주하고 도와주는 조력자'를 뜻합니다. 도움을 주려면 서로 마주 봐야 합니다. 내 위에 있거나 내 아래 있는 사람을 "돕는 배필"이라고 부르지 않습니다. 나와 눈높이가 같은 사람, 대등한 관계에서 돕는 사람이라야 "돕는 배

사람.

필"입니다.

하나님도 이 땅의 인간들을 도우러 오실 때는 인간의 눈높이에 맞춰서 오셨습니다. 그분이 바로 예수 그리스도이십니다. 하물며 하나님도 자신을 낮추어 우리와 눈높이를 맞추시는데, 사람끼리 서로 도우려면 같은 눈높이에서 마주 봐야 하지 않겠습니까?

하나님이 아담에게 "돕는 배필"을 주시고자 한 뜻을 분명히 이해하지 못하면, 하나님이 허락하신 가정의 목적과 원리를 오해하게 됩니다. 아담에게 주실 "돕는 배필"이 어떻게 지어졌는가에 관한 이야기를 계속하려면, 18절에서 21절로 건너뛰어야 합니다.

18절과 21절 사이에 문맥을 끊는 듯한 이야기가 삽입되어 있습니다. 하나님이 굳이 이 장면을 왜 여기에 넣으셨는지를 알 필요가 있습니다.

여호와 하나님이 흙으로 각종 들짐승과 공중의 각종 새를 지으시고 아담이 무엇이라고 부르나 보시려고 그것들을 그에게로 이끌어 가시니 아담이 각 생물을 부르는 것이 곧 그 이름이 되었더라 아담이 모든 가축과 공중의 새와 들의 모든 짐승에게 이름을 주니라 아담이 돕는 배필이 없으므로 창 2:19-20

하나님이 온갖 피조물들을 아담에게로 데려오십니다. 왜 데려다 놓으실까요? 아담이 그것들에 어떤 이름을 지어 주는가를 보고자 하신 것입니다. 태초에 이름을 짓고, 이름을 부르는 것은 곧 창조의 완성을 뜻합니다. 이름이 있어야 피조물이 비로소 존재하게 됩니다. 하나님께서 아담에게 만물의 이름 짓는 일을 맡기십니다. 그에게 이 일을 맡기심으로써 창조를 완성하게 하시는 것입니다. 얼마나 큰 특권입니까?

이로써 하나님은 아담을 창조의 증인으로 초청하십니다. 마치 아버지가 모형비행기를 만들어서 어린 아들에게 처음으로 날릴 기회를 허락하는 것과도 같습니다. 아이는 모형비행기를 날리면서 마치 자신이 그 비행기를 만든 것 같은 기쁨을 맛보게 됩니다. 하나님이 아담에게 만물의 이름을 짓도록 허락하신 것은 바로 아버지의 배려와도 같습니다.

창조는 전적으로 하나님의 영역이며 창조의 완성은 창조주의 기쁨입니다. 그런데 하나님은 그 기쁨을 아담과 나누기를 원하십니다. 그럼으로써 그 기쁨이 영원히 지속되기를 원하신 것입니다. 아담이 이름을 지어 부를 때마다 하나님이 기뻐하십니다. 아담은 자신이 지은 이름을 부를 때마다 하나님이 느끼시는 창조의 기쁨을 맛봅니다

그런데 피조 세계에 얼마나 많은 피조물이 있습니까? 그것들 하나하나를 다른 이름으로 부른다는 것은 보통 일이 아닙니다. 이것은 아담이 만물의 특색에 맞게 이름을 지어 줄 만큼 지혜롭고 명철하고 능력이 있다는 것을 뜻하지 않겠습니까?

이름은 존재의 본질을 드러내고 관계를 지향합니다. '딱따구

리' 하면 딱딱 소리가 들리는 듯하지 않습니까? 이름만 들어도, 이 새가 무엇을 하는 새인지 쉽게 떠올릴 수 있습니다. 닭, 곰, 개, 기린, 사자 등 동물의 이름은 그 동물의 형상을 담고 있습니다. 또한 이름은 관계를 내포합니다. 최근에는 '고래'라는 이름을 들으면, 포획 금지가 떠오르지 않습니까? 왜 인류는 모든 동식물의 종을 지키려고 할까요? 왜 동물의 멸종을 애써 막으려고 합니까? 그 관계에 대한 자각이 있기 때문입니다. 그래서 어떤 것의 이름을 짓고 나면, 그 대상에 대한 책임감이 느껴지기 마련입니다.

창조주 하나님은 피조 세계와 직접 관계를 맺고 계십니다. 그런데 피조물인 아담에게 다른 피조물들의 이름을 짓는 특권과 함께 이 세상을 다스릴 책임을 맡기심으로써 아담도 피조 세계와 관계를 맺게 하십니다.

하나님이 계획하신 첫 번째 제도

아담을 향한 하나님의 배려는 한 걸음 더 나아갑니다. 바로 하나님이 아담과 함께 맛본 기쁨을 아담도 다른 누군가와 함께 맛보기를 바라신 것입니다. 이것은 하나님의 배려입니다. 하나님은 기쁨을 독점하지 않으십니다. 하나님의 기쁨은 나누면 나눌수록 더욱 커집니다.

아담도 기쁨을 나눌 대상이 있어야 한다는 생각에서 가정이 비롯되었습니다. 이것이 바로 가정의 기원입니다. 가정은 기쁨을 함께 나누기 위해 만들어진 공동체입니다. 가정은 남녀 두 사람이 모여 창조주 하나님이 지으신 피조 세계를 함께 기뻐하도록 계획하신 첫 번째 제도입니다.

여호와 하나님이 아담을 깊이 잠들게 하시니 잠들매 그가 그 갈빗대 하나를 취하고 살로 대신 채우시고 여호와 하나님이 아담에게서 취하신 그 갈빗대로 여자를 만드시고 그를 아담에게로 이끌어 오시니_창 2:21-22

하나님이 여자를 만드시는 과정을 자세히 들여다보십시오. 먼저 아담을 깊이 잠들게 하고, 그에게서 갈빗대 하나를 빼내어 살로 대신 채우십니다. 여자를 만드신 원재료는 남자와 달리 땅의 먼지와 티끌이 아닙니다. 아담의 옆구리에서 취한 갈빗대입니다.

하나님은 아담이 깨어 있는 상태에서 이 일을 하실 수도 있었습니다. 그런데도 하나님은 그를 깊이 재우십니다. 왜 그러셨을까요? 미스터리입니다. 혹자는 아담의 옆구리에서 갈빗대를 빼낼 때, 고통을 느끼지 못하도록 일종의 마취제를 사용하신 것이 아니겠느냐고 말합니다. 사실 그렇게 해서 마취제가 만들어지긴 했습니다만, 하나님은 잠들었던 아담이 깨어나 여자를 발견하고 깜짝 놀라기를 바라셨던 게 아닌가 하고 생각합니다. 아담을 깊이 잠재우심으로써 하나님이 여자를 어떻게 만드시는지를 못 보게 하신 것입니다.

보물찾기할 때를 떠올려 보십시오. 눈을 감고 시작하지 않습니까? 술래잡기할 때도 마찬가지입니다. 찾는 기쁨, 발견하는 기쁨을 맛보게 하기 위해 눈을 감게 하는 것 아니겠습니까? 하나님이 우리로 하여금 구하고 찾고 두드리게 하시는 까닭은 우리의 기쁨을 위해서입니다. 우리는 눈에 보이지 않게 숨겨진 것을 발견할 때, 두 단계의 기쁨을 맛봅니다. 첫째는 찾는 데서 느끼는 순수한 기쁨입니다. 이것은 가슴 설레는 기쁨입니다. 둘째는 발견하고 난 뒤의 기쁨입니다. 바로 알아 가는 기쁨, 점점 더 깊은 관계로 들어가는 기쁨입니다.

그런데 왜 하필이면 옆구리에서 갈빗대를 취하셨을까요? 만약에 옆구리보다 높은 데서 취하면 여자가 남자보다 나은 줄 알 테고, 옆구리보다 낮은 데서 취하면 여자가 남자보다 못하다고 생각할 것이기 때문입니다. 굳이 옆구리에서 취하신 데는 남자와 여자가 대등한 관계임을 확인해 주시는 하나님의 배려가 있습니다. 그러니 남녀 간에 차별이니 평등이니 다툴 이유가 없습니다. 하나님이 창조하신 남자와 여자는 처음부터 평등했습니다.

그러나 주 안에는 남자 없이 여자만 있지 않고 여자 없이 남자만 있지 아니하니라 이는 여자가 남자에게서 난 것 같이 남자도 여자로 말미암아 났음이라 그리고 모든 것은 하나님에게서 났느니라_고전 11:11-12

사도 바울은 가정 문제로 소란스러웠던 고린도 교회에 일러 줍니다. 남자나 여자나 둘 다 주 안에 있음을 분명히 합니다. 여자는 남자의 옆구리에서 처음 났으나 남자의 자녀들은 여자로 말미암아 태어날 것입니다. 하나님은 이처럼 남자와 여자가 서로에게 절묘하게 속하도록 지으셨습니다.

또 한 가지 주목할 것은 하나님이 "여자를 만드시고 그를 아담에게로 이끌어"오셨다는 사실입니다. 마치 결혼식장에서 신부 아버지가 신부를 데리고 입장하는 모습 같지 않습니까? 남자와 여자가 한 가정을 이루려면, 먼저 하나님이 여자를 남자에게 데려다주셔야 합니다. 남자가 자기 마음에 드는 여자를 자기 방식대로 취한다고 해서 가정이 이루어지는 것은 아닙니다. 성적인 욕구는 해결할 수 있을지 몰라도 참다운 가정이 탄생하지는 않습니다. 가정은 인간이 생각하고 노력해서 만든 제도가 아닙니다. 결혼은 처음부터 하나님이 계획하시고, 하나님이 진행하시고, 하나님이 주도하신 제도요 선물입니다. 그래서 거룩한 관계인 것입니다.

가정을 이루는 중요한 원리

아담이 잠에서 깨어나 하나님이 이끌어 오신 여자를 봅니다. 여자와의 첫 대면에 그가 보인 반응을 살펴보십시오.

아담이 이르되 이는 내 뼈 중의 뼈요 살 중의 살이라 이것을 남자에게서 취하였은즉 여자라 부르리라 하니라_창 2:23

아담이 고개를 갸웃거렸습니까? 아닙니다. 그는 여자가 어떤 존재인지를 한눈에 알아봤습니다. 그래서 주저함이나 망설임 없이 "내 뼈 중의 뼈요 살 중의 살"이라고 고백합니다. 진정한 사랑 고백은 바로 이런 것입니다. 남자는 여자가 자신의 일부인 동시에 전부인 존재라는 것을 알았습니다.

히브리어로 남자는 '잇쉬'이고, 여자는 '잇샤'입니다. 기본적으로 남자와 여자를 가리키지만, 동시에 '남편'과 '아내'라는 뜻도 있습니다. 한 남자와 한 여자가 만나서 가정을 이루어 남편과 아내가 되는 것은 전적으로 하나님의 뜻입니다. 그런 의미에서 가정의 주인은 남편도 아니고 아내도 아닌 하나님입니다.

그런데 남자와 여자가 가정을 이루는 데는 중요한 원리가 있습니다.

> 이러므로 남자가 부모를 떠나 그의 아내와 합하여 둘이 한 몸을 이룰지로다_창 2:24

남자가 부모를 떠나는 데서부터 가정을 이루는 것이 시작된다는 점입니다. 그렇다고 부모를 버리라는 뜻은 아닙니다. 오히려 하나님은 십계명을 통해 부모를 공경하라고 명령하십니다. 그러나 부모를 사랑하고 존경하는 것과 가정을 이루기 위해 부모를 떠나는 것은 별개의 일입니다. 부모를 떠나라는 것은 남자나 여자나 부모의 그늘에서 벗어나 독립된 주체가 되어야 한다는 뜻입니다. 부모도 마찬가지로 아들과 딸을 떠나보내야 합니다. 남자와 여자가 남편과 아내로서 서로 밀착하는 길은 '부모와 함께'가 아니라 '하나님과 함께'입니다. 경제적으로나 정서적으로나 심지어 문화적으로도 자녀와 부모는 서로를 떠나보내야 합니다. 자녀들이여, 부모를 떠나십시오. 부모들이여, 자녀를 떠나보내십시오. 그래야 새로운 가정이 탄생합니다. 하나님이 친히 그들을 돌보시게 하십시오. 그래야 하나님의 가정이 탄생합니다.

부모에게 자녀의 결혼은 자녀가 내 소유가 아님을 확인하는 절차입니다. 자녀의 결혼을 통해 부모란 자녀의 청지기에 불과하다는 사실을 깨닫습니다. 그래서 허망합니까? 허망해하지 마십시오. 부모로서 하나님이 맡겨 주신 책임을 완수한 것에 감사하십시오. 자녀가 떠나면 부모 노릇도 졸업입니다. 이제 주님이 주실 다른 사명을 좇아 떠나십시오.

그런데 호기심 많은 사람은 이런 질문을 던지기도 합니다. "첫 사람 아담에게 부모가 어디 있다고, 부모를 떠나라고 합니까?" 당연하게도 이 말씀은 첫 사람 아담 개인에게 하신 말씀이 아니라 앞으로 이어질 가정 제도에 관해 분명한 지침을 주시는 말씀입니다. 마땅히 자녀는 부모를 사랑하고 공경해야 하지만, 끝내 부모를 떠나지 않으면 새로운 가정은 탄생하지 않습니다. 되레 부모의 가정과 자녀의 가정이 뒤섞여 혼란에 빠지게 될 뿐입니다.

남자의 자립은 가정을 세우는 기초이며 남편은 자기 아내와 연합해야 합니다. 운동회 때 이인삼각 경기를 한 번쯤은 해 봤을 것입니다. 일심동체가 되어 일사불란하게 움직여야 이깁니다. 남편과 아내는 한마음 한뜻으로 한 몸처럼 움직여야 합니다. 한 몸인데 서로 다른 마음을 품고 있다면, 일심동체가 아닌 것입니다. 몸의 지체는 동시에 각기 다른 방향으로 갈 수 없습니다. 한 발은 동으로 가고, 한 발은 서로 갈 수 없다는 뜻입니다. 한쪽 눈은 세상을 바라보는데 다른 한쪽 눈으로 하나님을 바라볼 수는 없습니다. 손이 발을 경멸할 수 없고, 눈이 귀를 무시할 수 없습니다. 한 몸을 이루는 지체라면, 서로 온전하게 인정해야 합니다.

하나님은 가정과 교회를 같은 원리로 만드셨습니다. 아담과 하와의 타락으로 최초의 가정이 무너지자 하나님은 예수님을 통해 교회를 세우셨습니다. 둘 다 하나님이 만드신 제도인 만큼 그 목적도 같습니다.

그는 우리의 화평이신지라 둘로 하나를 만드사 원수 된 것 곧 중간에 막힌 담을 자기 육체로 허시고 법조문으로 된 계명의 율법을 폐하셨으니 이는 이 둘로 자기 안에서 한 새 사람을 지어 화평하게 하시고 또 십자가로 이 둘을 한 몸으로 하나님과 화목하게 하려 하심이라 원수 된 것을 십자가로 소멸하시고 또 오셔서 먼 데 있는 너희에게 평안을 전하시고 가까운 데 있는 자들에게 평안을 전하셨으니 이는 그로 말미암아 우리 둘이 한 성령 안에서 아버지께 나아감을 얻게 하려 하심이라_엡 2:14-18

예수님은 "둘로 하나를" 만드시는 분입니다. "둘로 하나를" 만드는 목적을 위해 "중간에 막힌 담을" 십자가로 허무십니다. 그리고 하나님과의 관계부터 먼저 회복하게 하십니다. 타락한 남자와 타락한 여자는 타락한 채로 하나가 될 수 없기 때문입니다. 남자나 여자나 상처투성이인 상태로 결혼해서는 안 됩니다. 하나님과 홀로 대면할 수 없는 사람은 다른 사람과도 대면하지 못합니다. 그러니 둘만의 가정을 이룰 수가 없습니다. 그런데도 억지로 가정을 이루면 어떻게 됩니까? 허물을 바깥으로 가지고 나갑니다. 남편의 허물을, 아내의 허물을 자기 부모에게 고하고, 친구에게 다 까발립니다. 서로의 허물을 들추어내기 시작하면, 거기서부터 파멸의 씨앗이 싹틉니다.

하나님만이 남편과 아내, 교회와 세상 사이의 막힌 담을 허무실 수 있습니다. 인간끼리는 어떻게 할 도리가 없습니다. 하나님 없이는 가정도 교회도 온전해지지 않습니다.

부부 관계의 정점

남자와 여자가 한 몸을 이루면 어떤 일이 벌어질까요?

아담과 그의 아내 두 사람이 벌거벗었으나 부끄러워하지 아니하니라

_창 2:25

성경은 두 사람이 벌거벗었으나 부끄러워하지 않는다고 말합니다. 이것이 바로 한 몸이 된 부부가 보여 줄 수 있는 관계의 정점입니다. 부부는 서로의 앞에서 벌거벗을 수 있는 관계입니다. 자녀가 자라 성인이 되면 부모 앞에서도 벌거벗는 것을 부끄러워하거나 불편하게 여기기 마련입니다. 그러나 부부는 유일하게 서로의 앞에서 벌거벗을 수 있는 관계입니다.

왜 벌거벗어도 부끄럽지 않습니까? 첫째, 한 몸이 되었기 때문입니다. 이제 둘이 아니라 하나가 되었기 때문입니다. 손이 발을 부끄러워하던가요? 심장이 콩팥을 나무랍니까? 연약한 피부가 단단한 뼈를 부러워합니까? 한 몸의 지체끼리 서로 부끄러워하거나 나무라거나 부러워하는 일은 없습니다. 둘이 한 몸이 되었기에 벌거벗을 수 있습니다.

둘째, 서로 가리고 숨길 것이 없기 때문입니다. 남편과 아내는 서로 가릴 수가 없습니다. 부부간에 서로 숨기며 사는 것보다 더 힘든 일은 없습니다. 남이야 잠시 만났다가 헤어지면 그만이니 얼마든지 숨길 수 있지만, 부부는 24시간 붙어 있는데 어떻게 가리며 어떻게 숨깁니까?

셋째, 벌거벗어도 안전하기 때문입니다. 아마도 세상에서는 벌거벗으면 누군가가 달려들어서 만신창이를 만들 것입니다. 그러나 가정은 그렇지 않습니다. 벌거벗어도 안전합니다. 세상은 나를 벌거벗겨 수치스럽게 만들지라도 가정은 모든 것을 드러내도 안전한 곳입니다. 왜입니까? 서로 허물을 가려 주고 덮어 주기 때문입니다. 가정은 허물을 들춰내어 공격하는 곳이 아니기 때문입니다.

교회도 가정과 마찬가지로 성도들끼리 서로의 허물을 가려 줄 뿐만 아니라 단점을 보완해 주는 안전한 곳입니다. 부서진 조각 같은 사람들이 모여 아름다운 모자이크를 만드는 곳이 바로 교회입니다. 예수 그리스도께서 성도들 사이에 막힌 담을 허시고, 하나하나 붙여 주시니 기가 막힌 스테인드글라스가 탄생합니다. 깨진 유리 같은 사람들이 한데 어울려도 서로 찌르거나 찔리지 않으니 이것이 기적이 아니고 무엇이겠습니까? 어떻게 이런 일이 가능합니까? 예수님이 그들 사이에서 완충재 역할을 하시기 때문입니다. 예수 그리스도께서 사람들의 허다한 허물을 친히 가리고, 덮어 주고, 보완해 주시기 때문입니다.

> 무엇보다도 뜨겁게 서로 사랑할지니 사랑은 허다한 죄를 덮느니라
> _벧전 4:8

사도 베드로는 주님을 세 번이나 부인한 사람입니다. 그런데도 주님은 그의 부끄러운 상처를 싸매 주십니다. "시몬아 네가 (이 사람들보다) 나를 (더) 사랑하느냐"(요 21:15-17)고 세 번이나 물음으로써 베드로가 예수님에게 사랑을 고백할 수 있게 하십니다. 예수님의 물음은 질문이 아닙니다. "내가 너를 사랑한다"고 말씀하시는 또 다른 형태의 고백인 것입니다. 예수님의 사랑이 베드로의 허다한

사람,

허물을 덮어 주었습니다. 그 덕분에 베드로는 위대한 사도로 거듭
날 수 있었습니다.

교회는 벌거벗어도 안전한 곳이어야 합니다. 세상처럼 뒷말이
많은 곳이라면, 저급한 사교클럽일 뿐 교회는 아닙니다. 다른 사
람의 허물을 캐거나 약점을 쥐고 흔든다면, 그곳은 교회가 아닙
니다. 교회는 서로의 허물을 가려 주고, 서로의 약점을 놓고 함께
기도하는 곳입니다. 우리가 할 수 있는 일이란 기도밖에 없다는
것을 고백하는 곳입니다. 부끄러움조차 하나님 아버지께 맡겨 드
리고, 도움을 청하는 곳이 교회입니다.

서로 사랑하십시오. 서로 허물을 가려 주십시오. 서로 벌거벗
어도 안전하다는 믿음을 갖게 하십시오. 실망을 넘어서야 새로운
관계가 열립니다. 허물을 이겨 내야 더 깊은 관계로 나아갑니다.
하나님이 벌거벗은 우리의 수치를 덮어 주신 덕분에 우리가 구
원을 얻었습니다. 우리가 상대방의 "허다한 죄"를 덮어 주며 서로
사랑할 때, 구원의 물줄기가 우리를 통해 세상 속으로 흘러 들어
갈 것입니다.

예수님은
둘로 하나를 만드시는 분이다.
이를 위해 중간에 막힌 담을
십자가로 허무신다.

3

원죄,

모든 죽음의

시작

8

죄 문제는
어떻게 시작되었는가?

결코 죽지 아니하리라

창 3:1-7

인생에서 가장 심각한 문제는 무엇입니까? 나아가 인류 최대의 문제는 무엇입니까? 가난입니까? 전쟁입니까? 아니면 지진이나 태풍 같은 자연재해입니까? 모두 대처하기 어렵고, 감당하기 힘든 문제들이긴 하지만, 가장 심각한 문제는 아닙니다. 이 질문에 대한 성경의 답은 매우 명쾌합니다. 바로 죄라고 답합니다. 모든 문제에도 불구하고, 인류가 직면한 가장 치명적인 문제는 예나 지금이나 여전히 죄 문제입니다.

시대와 장소를 막론하여 모든 사람이 죄 문제에 직면해 있습니다. 죄가 사람과 사람 사이의 관계를 깨뜨리고, 불신과 갈등을 빚어내며 사람을 넘어뜨리고 착취하며 죽입니다. 인간이 겪는 대부분의 고통과 고난 뒤에는 죄가 도사리고 있습니다. 죄는 보통 심각한 문제가 아닙니다. 죄의 뿌리는 너무나 깊고 깊어서 그야말로 우리 힘으로는 도저히 해결할 수가 없습니다.

대체 죄 문제는 언제 어떻게 시작되었으며 우리는 왜 죄의 고통 가운데서 헤어나오지 못하는 겁니까? 이 질문은 성경만이 답할 수 있습니다.

뱀이 여자에게 접근한 이유

성경에서 동물이 말하는 장면은 두 군데가 있습니다. 민수기 22장에서 모압왕 발락이 선지자 발람을 보내 가나안으로 가는 이스라엘인들에게 저주를 퍼붓게 할 때, 발람이 타고 가던 나귀가 방향을 세 번 바꾸다가 매질을 당하자 발람에게 "내가 당신에게 무엇을 하였기에 나를 이같이 세 번을 때리느냐"(민 22:28)고 묻는 장면이 하나고, 또 한 장면은 창세기에서 볼 수 있습니다.

그런데 뱀은 여호와 하나님이 지으신 들짐승 중에 가장 간교하니라 뱀이 여자에게 물어 이르되 하나님이 참으로 너희에게 동산 모든 나무의 열매를 먹지 말라 하시더냐_창 3:1

에덴동산에 뱀이 나타나 여자에게 말을 겁니다. 우리는 뱀 뒤에 사탄이 도사리고 있음을 압니다. 이후로 뱀은 사탄을 상징하는 동물로 자리 잡게 됩니다.

요한계시록을 보십시오. 뱀의 정체가 밝혀집니다.

용을 잡으니 곧 옛 뱀이요 마귀요 사탄이라 잡아서 천 년 동안 결박하여_계 20:2

용은 "옛 뱀이요 마귀요 사탄"입니다. 용과 뱀의 배후에 사탄이 있다는 것입니다. 사탄은 자기 정체를 드러내지 않은 채 늘 뒤에서 조종합니다. 태초에 에덴동산에서 하와를 유혹할 때는 뱀을 이용합니다. 왜 뱀입니까? 들짐승 중에서 뱀이 가장 간교하기 때문입니다. 이 말은 뱀이 영리하고 똑똑하다는 뜻입니다. 예수님은 제자들에게 "너희는 뱀같이 지혜롭고 비둘기같이 순결하라"(마

10:16)고 말씀하시지 않습니까? 원래는 지혜롭고 슬기롭다고 해야 맞습니다.

그런데 지혜로움과 슬기로움이 부정적으로 변하면 교활함과 간교함이 됩니다. 머리 좋고 영리한 사람들이 문제를 일으킵니다. 능력까지 있으면 더 큰 문제를 일으킵니다. 능력이 있는데 교만하면 어떻게 될까요? 사탄의 밥이 됩니다. 또 능력이 있는데 불만이 가득하다면 어떻게 되겠습니까? 사탄이 제일 먼저 찾아갑니다. 머리는 뛰어난데 속에 분노가 가득 차 있는 사람은 사탄이 쓰기에 딱 좋은 사람입니다.

하나님은 어떤 사람을 쓰십니까? 겸손한 사람, 긍휼한 마음이 있는 사람을 쓰십니다. 남 탓하지 않고, 자기 허물을 돌아보는 사람, 자신을 낮추고 드러내지 않는 사람을 찾으십니다.

뱀이 누구에게 먼저 접근합니까? 여자에게 접근합니다. 여자 안에 있는 불만과 욕망의 불씨를 봤기 때문입니다. 욕망은 마치 자석이 쇳가루를 끌어당기듯 유혹을 끌어당깁니다. 사탄은 우리 마음속의 욕망이 꿈틀거리는 것을 지켜봅니다. 뱀이 여자에게 어떻게 접근합니까? 말로 접근하는데, 질문을 던집니다.

처음부터 마귀인 줄 알면 속겠습니까? 괜찮아 보이는 사람이 정말로 진심 어린 호의를 보여 주는 것 같아서 속는 것입니다. 홀로 있는 사람에게 접근하여 당신의 외로움을 이해한다고 말합니다. 불안에 떠는 사람에게 다가가 당신의 곁에 내가 있다고 말해 줍니다.

뱀은 자기 속내를 처음부터 드러내지 않습니다. 여자에게 선악을 알게 하는 나무의 열매를 먹지 말라고 하시더냐고 묻지 않고, 하나님이 정말로 동산의 모든 나무 열매를 먹지 말라고 하시더냐고 묻습니다. 몰라서 묻겠습니까? 아닙니다. 다 알고 던지는 질문입니다. 사탄은 적어도 두 가지를 확실히 알고 있습니다. 첫째, 여자는 선악과에 관한 하나님의 말씀을 이미 들어서 알고 있다는 사실을 압니다. 둘째, 그러나 여자는 하나님의 말씀에 불만족한 상태라는 것을 압니다. 하나님의 동기가 의심스럽다는 것입니다. 여자의 마음속에 의심의 씨앗, 불만의 씨앗이 있는 것을 알기에 일부러 접근한 것입니다. 여자의 불만이 증폭되도록 비틀어서 질문한 것입니다.

여자에게 사탄의 질문은 예, 아니오로 간단히 답하기는 어려운 질문입니다. 그냥 아니라고 말하기에는 충분하지 않은 것 같은 마음이 들기 때문입니다. 여자가 덜컥 걸려들고 맙니다. 뱀이 여자를 이미 다 파악한 상태에서 유혹하고 있다는 사실을 유혹당하는 여자만 모르고 있습니다.

이단 집단의 수법이 바로 이와 같습니다. 어떤 사람에 관해 샅샅이 알아본 뒤에 접근합니다. 직업은 무엇이며 주변 사람들과의 관계는 어떠한지, 근래 어떤 어려움을 겪었는지, 신앙은 어떤 상태인지를 낱낱이 조사한 뒤 다가갑니다. 숱한 경험을 통해 숙련된 전문가들의 말을 무슨 수로 당해 냅니까? 그들의 유혹에 한마디라도 대답하기 시작하면, 이미 걸려든 셈입니다.

순종의 부담과 불순종의 충동 사이

여자가 장황하게 대답하기 시작합니다.

여자가 뱀에게 말하되 동산 나무의 열매를 우리가 먹을 수 있으나 동산
중앙에 있는 나무의 열매는 하나님의 말씀에 너희는 먹지도 말고 만지지
도 말라 너희가 죽을까 하노라 하셨느니라_창 3:2-3

여자의 말에서 몇 가지 사실을 포착할 수 있습니다. 첫째, 여자
의 설명은 정확하지 않습니다. 내용이 부풀리고, 뒤틀렸습니다.
먹지 말라고 말씀하신 건 사실이지만, 만지지 말라고까지 말씀하
신 건 아닙니다. 여자는 하나님이 대체 왜 그러시는지는 모르지
만, 그 열매는 손도 못 대게 하신다는 뉘앙스로 말합니다. 불만이
느껴지는 말투입니다.

둘째, 여자는 하나님의 말씀을 정확히 기억하지 못하거나 의
도적으로 왜곡하고 있습니다. 하나님은 "너희가 죽을까 하노라"
라고 말씀하시지 않았습니다. 그러나 여자의 마음속에는 어쩌면
안 죽을지도 모른다는 생각이 이미 여러 번 스쳐 지나갔고, 이런
일말의 의심이 벌써 사실을 왜곡하고 있습니다. 하나님이 뭐라고
말씀하셨습니까?

여호와 하나님이 그 사람에게 명하여 이르시되 동산 각종 나무의 열매는
네가 임의로 먹되 선악을 알게 하는 나무의 열매는 먹지 말라 네가 먹는

하나님은 "선악을 알게 하는 나무"라고 콕 집어 말씀하셨습니다. 그런데 여자는 "동산 중앙에 있는 나무"라고 얼버무립니다. "선악을 알게 하는 나무" 자체를 입에 올리길 꺼리는 것입니다. 하나님은 그 열매를 먹으면 "반드시 죽으리라"고 간단명료하게 말씀하셨습니다. 그런데 여자는 "먹지도 말고 만지지도" 말라고 하셨다면서 말을 덧붙입니다.

말을 전할 때, 그대로 전하지 않는 데는 두 가지 이유가 있습니다. 첫째, 그 말을 중요하게 여기지 않으므로 대충 기억하는 것입니다. 둘째, 이미 그 말을 자기 멋대로 해석하고 있기 때문입니다. 그러니 자기가 생각한 대로 왜곡해서 표현하는 것입니다.

누군가의 메시지를 대신 전할 때, 자기 생각이나 주장을 덧붙이는 것은 메시지보다 자기 경험과 자기 해석과 자기 판단이 더 중요하다는 뜻입니다.

여자의 마음속 의심을 간파한 뱀은 에두르지 않고 정면으로 치고 들어갑니다. 순종의 부담과 불순종의 충동 사이의 틈새를 파고든 것입니다. 우리가 알거니와 순종은 늘 짐스럽고 불순종은 매력적인 것처럼 비칩니다.

뱀이 여자에게 이르되 너희가 결코 죽지 아니하리라_창 3:4

"반드시 죽으리라"는 하나님의 메시지에 정반대로 "결코 죽지 아니하리라"라는 메시지를 던지며 정면으로 반박합니다. 사탄의 의도는 무엇입니까? 하나님의 말씀을 의심하고 불신하여 끝내 거부하게 하는 것입니다.

"너는 죽지 않을 것이다." 이것은 여자가 듣고 싶어 하는 소리입니다. "너는 절대로 죽지 않을 것이다." 이것은 여자가 원하는 바입니다. 누구나 자신이 원하는 메시지를 택하고, 자기가 원하는 것을 선택하고자 합니다. 그런데 메신저의 정체를 알지도 못하면서 자기가 원하는 메시지를 덥석 붙잡아 버리면 어떤 일이 벌어집니까? 작은 의심 때문에 거짓 메시지를 선택하면, 더 큰 의심에 휩싸이게 될 확률이 100%입니다. 분노 때문에 잘못된 결정을 내린 사람은 반드시 그 결정 때문에 자신의 판단에 십중팔구 분노하게 되어 있습니다. 그러므로 일단 의심이 들면, 결정을 미뤄야 합니다. 분노한 상태라면 결정을 멈추어야 합니다.

세상은 메시지의 전쟁터입니다. 왜 전쟁터입니까? 반대 메시지를 들으면 자신이 이미 믿고 있던 것, 알고 있던 것, 생각해 오던 것의 틀이 흔들리기 시작합니다. 틀이 흔들리면 생각에 균열이 생기고, 그 틈으로 온갖 다른 생각들이 물밀듯 들이닥쳐 결국 한순간에 무너지게 되기 때문입니다. 이런 것이 소위 말하는 프레임 전쟁입니다.

자신이 스스로 검증할 수 없는 메시지를 받았을 때는 메시지를 기준으로 선택해서는 안 됩니다. 이때는 메시지가 아닌 메신

저를 보고 선택해야 합니다. 누군가의 주장을 순순히 받아들이는 것은 그의 종이 되겠다는 태도입니다. 사탄의 메시지를 따르는 것은 사탄을 주인으로 삼겠다는 결정인 것입니다.

악은 혼자 일하지 않는다

사탄의 표적은 하와 한 사람만이 아닙니다. 사탄은 하와를 통해 아담까지 죽이는 것이 목적입니다. "너희가 결코 죽지 아니하리라"라고 강조함으로써 하와가 아담을 끌어들이도록 획책합니다. 죄는 혼자 다니지 않고, 악은 혼자 일하지 않습니다. 두렵기 때문에 반드시 누군가를 끌어들입니다. 사탄은 하와를 먼저 넘어뜨리면, 아담도 따라 넘어질 것을 알았습니다.

> 너희가 그것을 먹는 날에는 너희 눈이 밝아져 하나님과 같이 되어 선악을 알 줄 하나님이 아심이니라_창 3:5

뱀이 속삭입니다. "절대로 죽지 않을 텐데, 하나님은 왜 죽는다고 말씀하셨을까? 그걸 먹으면 너희 눈이 밝아져서 하나님처럼 될 줄을 아셨기 때문이야. 하나님은 너희를 사랑하시는 게 아니야. 너희를 시기하고 질투하기 때문에 견제하시려는 거야. 그걸 모르겠니?" 하와가 뱀의 말에 귀를 기울이는 순간, 의심은 진실이 되고 맙니다.

이런 류의 부추김은 어디서나 쉽게 찾아볼 수 있습니다. 사탄은 청소년에게 "너도 충분히 스스로 판단하고 결정할 수 있는데, 왜 네 부모가 너를 무시하도록 내버려 두는 거야? 집을 나와서 너 혼자 설 수 있다는 걸 증명해 봐. 네가 네 인생의 주인이라는 걸 똑똑히 보여 주란 말이야"라고 속삭입니다. 티격태격하는 부부 옆에서 이혼을 부추기는 사람들도 있습니다. "네가 왜 그런 대접을 받고 사니? 네가 뭐가 부족하다고. 그동안 참을 만큼 참고 살았어. 여기서 더 참는다는 것은 네 인생 포기하는 것과 다름없단 걸 왜 몰라? 세상에 좋은 사람은 얼마든지 있단다."

의심이 많으면 그만큼 유혹에 약합니다. 마음속 욕망이 크면 클수록 유혹에 쉽게 넘어갑니다. 사탄의 유혹은 인간이 지금까지 들인 노력의 결과를 손해로 계산하게끔 만듭니다. 그동안 바보처럼 살아온 자신을 한탄하게 합니다. 의심은 분노로 변하고, 분노로 인해 인간이 성급한 결정을 내리게 합니다.

하와의 앞에 두 가지 메시지가 놓였습니다. "선악을 알게 하는 나무의 열매"를 먹으면 '반드시 죽는다'와 '아니다. 절대로 죽지 않는다' 사이에서 어느 쪽을 선택해야 할까요? 죽고 사는 문제가 달린 중요한 선택인 만큼 아담과 의논하여 결정해야 하지 않겠습니까?

그런데 하와는 이런 중요한 결정을 혼자 내리고 맙니다. 왜 그렇게 합니까? 두 사람의 관계에 무슨 문제라도 있는 겁니까? 둘 사이의 관계는 알려진 바가 없지만, 한 가지 분명한 것은 아담이 하나님의 메시지를 하와에게 반복해서 들려줘야 했다는 것입니다. "하나님이 유일하게 금하신 이 일 하나만큼은 반드시 지킵시다" 하고 서로 독려하며 기억해야 했습니다. 그러나 그는 메시지 전달의 중요성을 간과했습니다. 만약에 그가 하나님의 중요한 메시지를 하와와 온전히 공유했더라면, 사탄이 공략할 틈을 감히 찾지 못했을 것입니다.

사탄은 한 사람을 통해 두 사람의 반역을 꾀하고, 한 사람의 반역을 통해 인류 전체의 반역을 획책하는 존재입니다.

관계에는 제한이 필요하다

신앙은 무엇을 하는 것보다 하지 않는 것이 더 중요합니다. 하나님의 하지 말라는 명령은 하라는 명령보다 훨씬 더 강력한 메시지임을 알아야 합니다.

너는 나 외에는 다른 신들을 네게 두지 말라 너를 위하여 새긴 우상을 만들지 말고 또 위로 하늘에 있는 것이나 아래로 땅에 있는 것이나 땅 아래 물속에 있는 것의 어떤 형상도 만들지 말며 그것들에게 절하지 말며 그것들을 섬기지 말라_출 20:3-5

너는 네 하나님 여호와의 이름을 망령되게 부르지 말라_출 20:7

살인하지 말라 간음하지 말라 도둑질하지 말라 네 이웃에 대하여 거짓 증거하지 말라 네 이웃의 집을 탐내지 말라_출 20:13-17

하나님이 하지 말라고 하신 일을 하지 않는 것이 기도 많이 하고, 구제 많이 하고, 금식을 많이 하는 것보다 더 중요합니다. 아무리 많은 일을 했어도 하지 말라고 하신 일을 하면 소용없게 됩니다. 어떤 것으로도 만회할 수 없습니다. 그래서 사탄이 하나님이 하지 말라고 명령하신 것을 끝내 하도록 충동질하며 끊임없이 부추기며 유혹하는 것입니다.

유혹은 이처럼 강력합니다. 특히 힘에 대한 유혹, 능력에 대한 유혹, 스스로 신이 될 수 있다는 유혹은 누구도 외면하기 어렵습니다. 그런데 모든 유혹은 말로 시작된다는 사실을 압니까? 신용카드 회사는 소비자가 더 많은 카드를 발급받도록 온갖 말로 구슬립니다. "이 카드 한 장만 있으면, 전 세계 어디서나 원하는 것은 무엇이든지 살 수 있습니다. 가고 싶은 곳은 어디든지 갈 수 있습니다! 그러니 열심히 일한 당신, 이 카드를 들고 어서 떠나십시오!" 그 말에 홀려 떠났다가 돌아오면 그 빚은 누가 다 갚아야 합니까?

사탄은 늘 불만을 들추어내고, 손해를 부각합니다. 불안을 증폭시키고, 분노를 자극합니다. 그런 식으로 덫을 놓고는 죄를 짓도록 유혹합니다.

여자가 그 나무를 본즉 먹음직도 하고 보암직도 하고 지혜롭게 할 만큼
탐스럽기도 한 나무인지라 여자가 그 열매를 따 먹고 자기와 함께 있는
남편에게도 주매 그도 먹은지라_창 3:6

"먹어 봐라. 절대로 안 죽는다. 죽기는커녕 네 눈이 밝아질 것
이다. 하나님처럼 된 자신을 상상해 봐라!"라는 유혹을 받으면서
"선악을 알게 하는 나무"를 보는 순간, 나무가 달라 보입니다. 이
제까지 한 번도 아름답게 보인 적이 없던 나무가 왠지 근사해 보
입니다. 열매가 "먹음직도 하고 보암직도 하고 지혜롭게 할 만큼"
탐스럽게 보입니다.

하와가 결국 그 열매를 따 먹고 맙니다. 하와는 누구에게 굴복
한 것입니까? 자기 욕망에 굴복한 것입니다. 사탄에게 진 것이
아니라 자기 자신한테 진 것입니다. 하와가 사탄을 불러들인 것
은 아니지만, 사탄의 유혹을 뿌리치지 않고 붙든 것은 자유의지
로 선택한 것입니다.

인간에게 자유의지를 주신 분에게 책임을 물어야 합니까? 애
초에 왜 에덴동산에 "선악을 알게 하는 나무"를 심어서 문제를 키
웠느냐고 따지겠습니까?

도대체 "선악을 알게 하는 나무"가 무엇입니까? 왜 하필 나
무입니까? 샘물이면 어떻고, 바위면 어떻습니까? 사실 선악과
가 아니어도 상관없습니다. 선악천(川)이든 선악암(巖)이든 선
악초(草)든 본질은 달라지지 않습니다. 하나님이 한 가지를 금

하셨다는 것이 중요합니다.

모든 것이 허용된다면, 관계는 만들어지지 않습니다. 관계에는 제약과 제한이 필요하기 때문입니다. 무제한의 관계란 없습니다. 지켜야 할 선, 넘어서는 안 되는 선이 있기 마련입니다. 창조주 하나님이 피조물인 인간과 관계를 맺기 위해 단 한 가지만을 금하시고, 사실상 무제한의 자유를 허용하십니다. 관계를 깨뜨리는 선택만 하지 않으면, 언제까지나 하나님과 함께할 수 있습니다. 하나님과의 동행을 자신의 자유의지로 선택하라고 제안하신 것입니다.

성경이 말하는 "선악"이란 무엇일까요? 하나님을 하나님으로 인정하는 것이 "선"이고, 하나님을 하나님으로 인정하기를 거부하는 것이 "악"입니다. 시선을 고정하여 하나님만을 바라보는 것이 의로움이고, 하나님을 바라보던 시선을 다른 곳으로 돌리는 것이 죄입니다. 그래서 고대 히브리인들은 죄를 '과녁을 벗어난 화살'로 이해했습니다. 무엇 때문에 방향이 틀어집니까? 하나님이 아닌 자기 자신을 바라보며 살고자 결심할 때 방향이 어긋납니다.

우리는 하나님의 모양과 형상대로 지음을 받았습니다. 그러므로 우리 안에는 하나님의 성품이 담겨 있습니다. 그러나 인간은 결코 신이 아니며 결코 신이 될 수 없습니다. 그런데도 사탄은 인간 스스로 신이 될 수 있다고 끊임없이 유혹합니다. 이것은 전 시대를 관통하는 가장 강력한 유혹입니다. 신이 될 수 있다는 유혹은 단칼에 뿌리치기에는 너무나 매력적입니다. 하나님을 거부하고, 스스로 전능자가 되기로 선택하는 것이 굉장히 위대한 결정처럼 느껴지기 때문입니다. 그러나 인간에게 깃든 신성을 일깨워 하나님과 더 친밀하게 교제하는 것과 스스로 신이 될 수 있다고 생각하는 것은 전혀 다른 차원입니다. 전자는 선이고, 후자는 악이기 때문입니다. 그러므로 사탄의 유혹에 넘어가는 것이 곧 죄의 본질입니다.

영원한 것을 빼앗기다

사탄의 유혹을 이기려면 어떻게 해야 합니까? 하나님의 말씀에 자신을 묶어야 합니다. 예수님은 권능을 과시해 보라는 사탄의 유혹에 넘어가지 않고, 말씀으로 대적하셨습니다.

사탄이 "네가 만일 하나님의 아들이어든 이 돌들에게 명하여 떡이 되게 하라"고 하자 예수님은 "기록된 바 사람이 떡으로만 살 것이 아니라 하였느니라"라고 대답하셨고, "네가 만일 내게 절하면 다 네 것이 되리라" 하고 유혹했지만 "기록된 바 주 너의 하나님께 경배하고 다만 그를 섬기라 하였느니라"라고 답변하셨고, 예수님을 성전 꼭대기에 세우고 "네가 만일 하나님의 아들이어든 여기서 뛰어내리라"고 하자 "주 너의 하나님을 시험하지 말라"고 신명기 말씀으로 대적하셨습니다(눅 4:3-12). 사탄은 늘 이세 가지를 유혹합니다. 그러나 사람이 자기 권위가 아닌 하나님의 말씀으로 대적하기 시작하면, 사탄은 더 이상 유혹하지 못하고 떠납니다. 사도 요한이 사탄의 세 가지 시험을 다음과 같이 정리합니다.

이 세상이나 세상에 있는 것들을 사랑하지 말라 누구든지 세상을 사랑하면 아버지의 사랑이 그 안에 있지 아니하니 이는 세상에 있는 모든 것이 육신의 정욕과 안목의 정욕과 이생의 자랑이니 다 아버지께로부터 온 것이 아니요 세상으로부터 온 것이라 이 세상도, 그 정욕도 지나가되 오직 하나님의 뜻을 행하는 자는 영원히 거하느니라_요일 2:15-17

"육신의 정욕과 안목의 정욕과 이생의 자랑"은 다 지나가는 것들입니다. 영원은 "오직 하나님의 뜻" 안에 있습니다. 사탄은 지나가는 것들을 택하고, 영원한 것을 택하지 못하도록 유혹합니다. 세상 소리에 귀 기울이느라 하나님의 말씀을 듣지 못하도록 훼방하고, 결국은 하나님을 거부하게 만듭니다.

이에 그들의 눈이 밝아져 자기들이 벗은 줄을 알고 무화과나무 잎을 엮어 치마로 삼았더라_창 3:7

아담과 하와가 눈이 밝아진 대가로 얻은 것이 무엇입니까? 자기들이 벌거벗은 줄을 알게 된 것입니다. 영원한 것을 빼앗기고, 잠시 있다가 사라질 것을 얻었다는 사실을 깨달으니 얼마나 후회스럽고 수치스럽겠습니까? 죄는 수치심을 안겨 줍니다. 자기 자신을 보면 볼수록 더 부끄러워지니 숨고 싶고 가리고 싶지만, 숨을수록 드러나고 가릴수록 더 두드러집니다.

하나님을 떠난 인간은 하나님처럼 되기는커녕 짐승과 같이 되어 갑니다. "무화과나무 잎을 엮어 치마"로 만들어 가려 보지만, 부끄러움은 가시지 않고 오히려 수치스러운 행동을 일삼게 됩니다. 하나님이 은혜로 덮어 주셔야 비로소 인간의 수치가 가려집니다.

한 사람이 순종하지 아니함으로 많은 사람이 죄인 된 것같이 한 사람이 순종하심으로 많은 사람이 의인이 되리라_롬 5:19

예수님이 오셔서 순종하실 때까지 인간의 죄악은 걷잡을 수 없이 퍼지고, 죄악은 더욱더 두터워질 것입니다. 예수님은 말씀하셨습니다.

진실로 너희에게 이르노니 천지가 없어지기 전에는 율법의 일점 일획도 결코 없어지지 아니하고 다 이루리라_마 5:18

그런데 오랫동안 수많은 종교인이 하나님의 말씀을 왜곡시켜왔고, 지금도 계속해서 왜곡하고 있습니다.

사탄에 속지 마십시오. 세상에는 믿을 사람이 없고, 믿을 만한 메시지가 없으니 하나님만 믿고, 성경만을 믿으십시오. 성경에 합한 것만 믿으십시오. 우리 안에 있는 신성을 깨우면 스스로 신이 될 수 있으리라는 착각은 던져 버리고, 하나님과 더욱 친밀히 교제할 수 있도록 노력하십시오.

9

하나님이 말씀하시는
죽음은 무엇인가?

가죽옷을 지어 입히시다

창 3:8-24

사람은 누구나 실수할 수 있습니다. 누구나 잘못을 저지를 수 있고 죄를 범할 수 있습니다. 문제는 그다음입니다. 어떻게 수습하는가가 중요합니다. 실수는 인정하면 되고, 잘못은 시인하고 사과하면 되고, 죄는 고백하고 나서 회개하면 됩니다. 그런데 그렇게 하지 않습니다. 오히려 문제를 더 악화시키곤 합니다. 절대해서는 안 될 일을 할 뿐만 아니라 더 심하게 합니다. 이것이 죄인의 특징입니다.

태초에 홀로 창조되었던 아담이 어떻게 가정을 이룰 수 있었습니까? 하나님이 여자를 아담에게로 이끌어 주신 덕분에 가능했습니다. 아담과 여자가 가정을 이루는 것은 하나님의 계획이요 선물입니다. 가정은 부부가 서로 모든 것을 공유할 수 있는, 세상에서 가장 안전한 곳입니다. 허물과 잘못을 감추지 않아도 됩니다. 오히려 서로의 허물을 덮어 주는 곳이기 때문입니다.

그런데 여자가 뱀의 유혹에 넘어가 "선악을 알게 하는 나무의 열매"를 먹었고, 아담에게도 주어 먹게 하였습니다. 하나님이 이 열매를 먹으면 "반드시 죽으리라"고 말씀하셨는데, 실제로 죽었습니까? 죽지 않았습니다. 아마도 두 사람은 하나님의 말씀이 틀렸고, 사탄의 말이 맞았다고 생각했을 것입니다. 정말로 그렇습니까? 아닙니다.

우리는 죽음이 어떻게 찾아오는지를 보게 될 것입니다. 하나님이 말씀하신 죽음이 어떤 죽음인지 또 그 죽음이 어떻게 나타나는지를 확인하게 될 것입니다.

용서할 준비가 되어 있으신 하나님

하나님이 동산에 임하십니다. 하나님의 형상을 닮은 피조물인 인간은 하나님의 임재를 느낄 수 있습니다.

> 그들이 그날 바람이 불 때 동산에 거니시는 여호와 하나님의 소리를 듣고 아담과 그의 아내가 여호와 하나님의 낯을 피하여 동산 나무 사이에 숨은지라_창 3:8

그런데 아담과 여자는 하나님을 피해 나무 뒤로 숨습니다. 왜 숨습니까? 아이들도 잘못을 저지르면 부모 앞에 나서지 못하고, 숨습니다. 수치심이 들기 때문입니다. 수치심은 두려움을 낳고, 두려움은 외로움을 가져옵니다. 수치심과 두려움 때문에 사람을 피하고, 스스로 격리되기 때문입니다. 사람한테 죄를 지어도 피하고 싶은데, 하나님께 죄를 지었으니 오죽했겠습니까?

사탄의 말대로 아담과 여자가 선악과를 먹었더니 눈이 밝아졌습니다. 그래서 "자기들이 벗은 줄"(창 3:7)을 알게 되었습니다. 전에는 벌거벗고 있어도 부끄럽지 않았는데, 이제 와서 수치심이 느껴진 것입니다.

흔히 죽음이라고 하면, 육신의 죽음만을 떠올립니다. 아담과 여자는 죄를 짓는 즉시 덜컥 죽게 되는 것이 아닐까 하고 생각했을 것입니다. 그러나 죄가 우리를 죽이는 방법을 보십시오. 먼저 수치심을 불어넣고, 스스로 격리되고 고립됨으로써 관계를 단절

시킵니다. 소통이 끊어지면서 서서히 죽어 가게 하는 것입니다. 즉 육신이 죽기 전에 관계가 먼저 죽는다는 것입니다. 하나님이 말씀하신 죽음이란 바로 이런 것입니다. 죽음의 증세는 관계의 균열과 단절로 시작되어 관계의 죽음을 거쳐 존재의 소멸에 이릅니다. 마치 혈액순환이 되지 않아서 피부나 조직이 괴사하는 과정과도 같습니다.

여호와 하나님이 아담을 부르시며 그에게 이르시되 네가 어디 있느냐
_창 3:9

하나님이 아담을 부르십니다. 왜 부르십니까? 아직 관계를 끝내지 않으셨다는 사인입니다. 꼴 보기 싫으면 이름도 기억하기 싫어집니다. 연락처 목록에서 지워 버리면 그만입니다. 관계가 끝났다면, 더는 부를 이유가 없지 않겠습니까? 그러므로 하나님이 이름을 부르시는 것은 아직 사랑하신다는 증거입니다. 나아가 그를 용서할 준비가 되어 있으시다는 뜻입니다. 그를 사랑하고, 용서할 준비가 되어 있으시기에 이름을 부르십니다.

또한 하나님에게 대책이 있다는 뜻이기도 합니다. 사실 하나님에게 그런 능력이 없겠습니까? 하나님이 왜 인간에게 자유의지를 주셨겠습니까? 우리가 자유를 가지고 어떤 일을 할지도 모르는데, 왜 맡기셨겠습니까? 혹여 인간이 잘못된 선택을 하더라도 수습할 능력이 있으시고, 인간이 돌이키도록 도울 능력이 있

으시다는 뜻입니다. 우리에게 자유의지를 허락하실 만큼 우리를 사랑하신다는 뜻입니다.

하나님은 가장 먼저 아담을 찾으십니다. "네가 어디 있느냐?" 아담이 있어야 할 곳에 있지 않다는 것입니다. 아담에게 죄가 들어가자 그는 자신이 마땅히 있어야 할 곳이 어디인지를 잊은 것입니다. 부끄러워서 잊고, 두려워서 잊고, 고독해서 잊었습니다. 에덴동산은 하나님이 거하시는 곳이므로 빛 가운데 있습니다. 그런데 아담은 빛 가운데 나아오지 않고, 도리어 어둠을 택하여 숨습니다.

과연 하나님이 몰라서 물으셨겠습니까? "네가 어디 있느냐?" 는 인생의 중요한 질문입니다. 인생이 어디서 와서 어디로 가는지를 아는 사람은 자신이 어디에 있어야 하는지도 압니다. 그러나 모르는 사람은 어디에 있어야 하는지도 모릅니다. 죄를 지으면, 어디에 있어야 하는지를 망각하게 됩니다. 그래서 숨는 것입니다. 마땅히 있어야 할 곳에 있지 않고, 있지 말아야 할 곳에 있는 것은 죄가 가져다준 결과입니다.

하나님은 우리가 마땅히 있어야 할 곳에 우리를 두십니다. 주거를 정해 주시고 경계를 정해 주십니다. 자기 마음대로 택한 곳에 있으면 흡족할 줄 아는데, 전혀 그렇지 않습니다. 하나님이 허락하신 곳에 있으면 불안하지 않습니다. 몸은 고달파도 마음이 평안합니다. 그러니 마음이 계속 불편해지는 자리에 있다면, 그곳을 떠나 자신이 있어야 할 자리로 돌아가야 합니다. 하나님이 부르시면 부르신 자리에 있어야 함을 알고, 하나님이 보내시면 보내신 자리에 있어야 함을 아는 것이 소명입니다.

죄가 하는 일

아담을 여전히 사랑하시는 하나님이 그를 용서하기 위해 부르십니다. 심판하기 위해서가 아니라 구원하기 위해서 부르십니다. 하나님의 부르심은 기회요 특권입니다. 그런데 아담이 기어들어 가는 목소리로 대답합니다.

> 이르되 내가 동산에서 하나님의 소리를 듣고 내가 벗었으므로 두려워하여 숨었나이다_창 3:10

죄가 들어오면 하나님의 임재가 두렵습니다. 그동안 아담이 하나님을 얼마나 기뻐했겠습니까? 동물들의 이름을 지을 때 얼마나 기뻤습니까? 하나님이 여자를 데리고 나타나셨을 때, 얼마나 기뻤습니까? 동산에 하나님이 임재하실 때마다 기쁨으로 나아갔을 것입니다. 그런데 한순간에 모든 기쁨을 잃어버렸습니다. 우리는 죄가 얼마나 무서운지를 모릅니다. 죄의 영향력이 얼마나 빨리 퍼져 나가는지를 모릅니다. 얼마나 속히 모든 관계를 파탄으로 몰고 가는지를 모릅니다.

하나님이 부르시면, 다른 말이 필요 없습니다. "네" 하고 대답하면 됩니다. "제가 여기 있습니다" 한마디면 됩니다. 하나님의 부르심을 듣고 즉시 달려가면 후회할 일이 없습니다. 문제는 주저하는 것이고 더 큰 문제는 등을 돌려 숨어 버리는 것입니다. 하나님이 모를 것이라는 생각, 하나님이 나를 찾을 수 없으리라는 생각이 문제입니다. 요나가 하나님을 피해 달아났지만, 어떻게 되었습니까? 가야 할 곳, 니느웨에 가는 시간만 지체되었을 뿐입니다. 하나님의 부르심은 피할 길이 없습니다. 달아나면 오히려 더 큰 고난을 겪을 뿐입니다.

다윗은 "내가 주의 영을 떠나 어디로 가며 주의 앞에서 어디로 피하리이까 내가 하늘에 올라갈지라도 거기 계시며 스올에 내 자리를 펼지라도 거기 계시니이다 내가 새벽 날개를 치며 바다 끝에 가서 거주할지라도 거기서도 주의 손이 나를 인도하시며 주의 오른손이 나를 붙드시리이다"(시 139:7-10)라고 고백했습니다. 하나님에게는 땅과 바다의 경계나 밤과 낮의 구분이 필요 없습니다. 하나님에게는 드러나지 않는 것이 없습니다.

이르시되 누가 너의 벗었음을 네게 알렸느냐 내가 네게 먹지 말라 명한 그 나무 열매를 네가 먹었느냐 아담이 이르되 하나님이 주셔서 나와 함께 있게 하신 여자 그가 그 나무 열매를 내게 주므로 내가 먹었나이다
_창 3:11-12

하나님이 몰라서 물으시는 게 아닙니다. 자기가 저지른 잘못

을 인정하는지를 물으시는 것입니다. 즉 죄가 내 안에 들어왔다는 것, 내가 죄에 감염되고 말았다는 사실을 자각하고 있는지를 물으시는 것입니다.

아담은 "제가 하나님의 명령을 어겼습니다. 말씀을 지키지 못했습니다. 하나님 아버지, 제가 이제 죽게 되었으니 용서해 주십시오. 저를 고쳐 주십시오" 하고 죄를 시인하고 용서를 구하면 되었습니다. 그런데 그가 무어라 대답합니까? "하나님이 주셔서 나와 함께 있게 하신 여자 그가 그 나무 열매를 내게 주므로 내가 먹었나이다"라고 대답합니다. 그의 말에는 하나님에 대한 원망과 비난이 실려 있습니다. "그 여자가 선악과를 주어서 제가 먹었습니다. 그 여자는 하나님이 주신 여자가 아닙니까? 여자의 잘못이기도 하지만, 그 여자를 제게 주신 하나님의 잘못이기도 합니다." 결국 아담은 하나님과 여자에게 책임을 전가하고 있습니다.

죄가 내 안에서 어떤 일을 벌이고 있는지 보입니까? 죄가 하는 일이 무엇인지 알겠습니까? 죄는 우리 생각과 이성을 마비시키며 우리를 갉아먹습니다. 수치심과 두려움과 고립감에 빠진 나머지 내가 이 지경이 된 것은 다 당신 탓이라고 책임을 전가합니다. 죄를 시인하고 자백하면 죄가 힘을 잃고 떠나갈 텐데, 오히려 죄를 붙잡고 놓아 주지 않습니다.

아담의 변명을 보십시오. 설명이 구구하고 복잡합니다. 그냥 먹었다고 대답하면 그만인데, 뭐가 그리 복잡합니까? 생각이 복잡하고, 말이 복잡하고, 표현이 복잡합니다. 남에게 잘못을 뒤집

어씌우느라 복잡합니다. 또한 남 탓을 하면 할수록 죄는 더 무거워지고, 남을 비난하면 할수록 죄책감이 더 무겁게 짓누르고, 변명할수록 죄가 숨통을 옥죄어 옵니다. 죄는 감출수록 더 빨리 자라고, 숨길수록 더욱 번성합니다.

인간의 잘못된 선택에 관한 대책

하나님은 아담의 대답을 듣고 실망하셨는지 더 이상 묻지 않고 그를 물끄러미 바라보다가 여자에게로 시선을 돌리십니다.

> 여호와 하나님이 여자에게 이르시되 네가 어찌하여 이렇게 하였느냐 여자가 이르되 뱀이 나를 꾀므로 내가 먹었나이다 _창 3:13

아마 안타까운 표정으로 "왜 그랬니?" 하고 물으셨을 것입니다. 그러나 여자도 아담처럼 잘못을 시인하지 않습니다. 뱀이 꾀어서 할 수 없이 먹었다고 변명합니다. 물론 뱀이 여자를 유혹한 것은 사실이지만, 아담과 여자의 입에 선악과를 직접 넣어 준 것은 아니지 않습니까? 안 먹겠다는 사람에게 억지로 먹인 것이 아니라는 뜻입니다. 아담과 여자는 자신의 자유의지로 선택하고 결정했습니다. 구구절절 이유를 댈 필요가 없습니다. 그냥 먹어 보고 싶어서 먹은 것입니다. 사실, 그 열매를 먹으면 하나님처럼 될 것이라는 말에 솔깃해서 먹은 것 아닙니까? 하나님의 질문에 그들은 이렇게 대답해야 했습니다.

"먹었느냐?"

"예, 먹었습니다."

"왜 먹었니?"

"호기심에 먹었습니다. 솔직히 욕심도 났습니다. 잘못했습니다. 용서해 주십시오."

얼마나 간결합니까? 만약에 그때 그들이 이렇게 대답했더라면, 오늘날 성경이 이 정도로 두꺼워지지는 않았을 것입니다. 죄를 숨기고, 가리고, 자기 합리화를 하며 변명하느라 이야기가 길어진 것입니다. 또 만약에 그때 아담과 여자가 즉시 죄를 시인하고 회개했더라면, 선악과 사건은 그 자리에서 종결되었을 것입니다. 우리는 지금 에덴동산에서 살고 있을 것입니다. 그런데 아담 부부가 길을 잘못 들었습니다.

하나님이 참담한 심정으로 뱀을 쳐다보십니다.

여호와 하나님이 뱀에게 이르시되 네가 이렇게 하였으니 네가 모든 가축과 들의 모든 짐승보다 더욱 저주를 받아 배로 다니고 살아 있는 동안 흙을 먹을지니라_창 3:14

뱀에게는 어떤 것도 묻지 않으십니다. 바로 죄를 판단하시고, 저주를 내리십니다. 다른 동물들이 걷고 날아다닐 때, 뱀은 배로 기어 다니며 흙을 먹어야 합니다. 뱀의 입천장 양쪽에는 야콥손 기관(Jacobson's organ)이라는 주머니 모양의 후각 기관이 있습니다. 뱀이 혀를 날름거리며 흙먼지를 말아 올리면, 야콥손 기관이 냄새를 맡습니다. 이 모습을 보고 흙을 먹는다고 표현한 것입니다. 뱀이 '흙을 먹는다'는 것은 저주로 인해 수치스러운 존재가 된다는 뜻입니다. 절대로 죄를 가볍게 보지 마십시오. 크기에 상관없이 죄에는 엄청난 파괴력이 있습니다.

그러나 저주가 다가 아닙니다. 다음 구절에 하나님의 깊은 뜻이 담겨 있습니다.

> 내가 너로 여자와 원수가 되게 하고 네 후손도 여자의 후손과 원수가 되게 하리니 여자의 후손은 네 머리를 상하게 할 것이요 너는 그의 발꿈치를 상하게 할 것이니라 하시고_창 3:15

하나님은 여자를 버리지 않으십니다. 여자의 후손을 통해 메시아가 오실 것입니다. 그분이 오셔서 뱀의 머리를 부수실 것입니다. 뱀이 그의 발꿈치를 물겠지만, 생명을 앗아가지는 못합니다. 구원받은 백성들에게는 누구에게도 빼앗기지 않을 생명이 있음을 기억하십시오. 구원은 영원한 생명이고, 그 생명은 아무도 빼앗아 갈 수 없습니다. 이것이 바로 '원시복음'입니다. 구원은 처음부터 하나님의 뜻 안에 있었습니다. 하나님은 창조주인 동시에 구세주입니다. 하나님의 계획에는 인간의 잘못된 선택에 관한 대책이 처음부터 들어 있었습니다.

죄의 파괴력

뱀에게는 저주가 내려지고, 장황하게 변명하며 책임을 회피한 아담과 여자에게도 벌이 내려집니다.

또 여자에게 이르시되 내가 네게 임신하는 고통을 크게 더하리니 네가 수고하고 자식을 낳을 것이며 너는 남편을 원하고 남편은 너를 다스릴 것이니라 하시고 아담에게 이르시되 네가 네 아내의 말을 듣고 내가 네게 먹지 말라 한 나무의 열매를 먹었은즉 땅은 너로 말미암아 저주를 받고 너는 네 평생에 수고하여야 그 소산을 먹으리라_창 3:16-17

여자에게는 임신의 고통이 더해지고, 아담에게는 평생 땀 흘려야만 먹고살 수 있는 고난이 주어집니다. 에덴에서는 땀을 흘릴 필요가 없었습니다. 어디든 손이 닿는 곳에 먹을 것이 있었고, 부족함이 없었습니다.

부부 사이도 달라집니다. 아내는 남편을 향해 늘 목이 마르게 될 것이고, 남편은 아내를 다스리게 될 것입니다. 부부 사이에 긴장감이 흐를 것이며 서로 힘겨루기를 하게 될 것입니다. 사랑하고 섬기는 관계였는데, 왜 이렇게 달라집니까? 하나님의 말씀을 저버리고, 인생에서 하나님을 배제한 탓입니다.

서로 사랑하고 존경하며 살아도 쉽지 않은 인생인데, 서로 무시하고 경멸하니 부부 생활이 만족스럽겠습니까? 그러면 어디서 만족을 찾겠습니까? 어디서 기쁨을 맛보겠습니까?

게다가 죄 문제는 아담과 여자에게서 그치지 않습니다. 죄의 파괴력이 자연에까지 미칩니다. 인간이 저지른 죄의 영향이 온 피조 세계로 퍼져 나갑니다. 인간의 죄 때문에 땅이 저주를 받고, 고통에 신음합니다.

땅이 네게 가시덤불과 엉겅퀴를 낼 것이라 네가 먹을 것은 밭의 채소인 즉 네가 흙으로 돌아갈 때까지 얼굴에 땀을 흘려야 먹을 것을 먹으리니 네가 그것에서 취함을 입었음이라 너는 흙이니 흙으로 돌아갈 것이니라 하시니라_창 3:18-19

중요한 것은 땅이 저주를 받게 된 이유입니다. 지금도 자연이 훼손되어 가는 것이 보입니까? 대체 누구 책임인지 깨달아야 하지 않겠습니까? 왜 우리는 플라스틱병에 담긴 물을 사 먹어야 합니까? 왜 날마다 미세먼지와 초미세먼지 수치를 봐야 합니까? 왜 마스크를 써야 합니까? 태평양에 한반도의 50배나 되는 쓰레기 섬이 생겼다고 합니다. 죽은 물고기의 배에서는 비닐봉지나 플라스틱 용기가 발견되고 있습니다. 자연의 신음 소리가 들리지 않습니까?

인간이 회개하여 죄에서 돌이키지 않으면, 우주에서 가장 아름다운 별, 지구는 못 쓰게 되고 말 것입니다. 상황이 이런데, 자기 집만 깨끗하게 치우면 무슨 소용 있습니까? 온 땅이 고통받고 있고, 몇몇 생물들은 멸종 위기에 처했습니다. 무엇 때문입니까?

인간의 죄 때문입니다. "네가 반드시 죽으리라"고 하셨던 말씀대로 인간은 죽으면 다시 흙으로 돌아가야 합니다. 죽는 게 왜 나쁩니까? 죄인들에게는 죽음이 오히려 은혜 아닙니까? 흙은 흙으로 돌아가는 것이 오히려 낫지 않습니까?

아담이 그의 아내의 이름을 하와라 불렀으니 그는 모든 산 자의 어머니가 됨이더라 여호와 하나님이 아담과 그의 아내를 위하여 가죽옷을 지어 입히시니라_창 3:20-21

"하와"라는 이름이 여기서 처음 등장합니다. 하와란 "모든 산자의 어머니"라는 뜻으로 남편 아담이 아내에게 지어 준 이름입니다. 아담은 왜 하필 하나님이 "너는 흙이니 흙으로 돌아갈 것이니라"라고 말씀하신 뒤에 여자를 "산 자의 어머니"라는 뜻의 하와로 불렀을까요? 그는 비록 하나님이 "반드시 죽으리라"고 말씀하셨지만, 인간에게 은혜를 베풀어 주시리라는 것을 직감적으로 알았던 것입니다. 게다가 장차 메시아가 여자의 후손으로 오실 것입니다.

하나님은 아담과 하와에게 은혜를 베푸십니다. 무화과나무 잎으로 겨우 가린 아담과 하와에게 "가죽옷을 지어" 입히십니다. 왜 가죽옷입니까? 가죽옷을 지으려면 어떻게 해야 합니까? 짐승이 죽어야 합니다. 피조물의 희생이 필요하다는 뜻입니다.

여기서 대속의 개념이 처음 등장합니다. 인간의 죄를 가리기 위해 희생 제사가 드려질 것을 알려 줍니다. 희생 제물을 바치는 제사를 드려야만 살 수 있음을 배우게 됩니다. 피 값을 치러야만 수치를 가릴 수 있다는 사실을 깨닫습니다.

> 이 뜻을 따라 예수 그리스도의 몸을 단번에 드리심으로 말미암아 우리가 거룩함을 얻었노라 제사장마다 매일 서서 섬기며 자주 같은 제사를 드리되 이 제사는 언제나 죄를 없게 하지 못하거니와 오직 그리스도는 죄를 위하여 한 영원한 제사를 드리시고 하나님 우편에 앉으사 그 후에 자기 원수들을 자기 발등상이 되게 하실 때까지 기다리시나니 그가 거룩하게 된 자들을 한 번의 제사로 영원히 온전하게 하셨느니라_히 10:10-14

때때로 우리는 예수님을 믿는다는 것이 어떤 의미인지를 잊는 것 같습니다. 예수님은 단번의 제사로 우리를 거룩하게 하십니다. 하나님이 해어지지 않는 가죽옷을 지어 입혀 주셨는데도 인간은 여전히 무화과나무 잎으로 몸을 가리고 있는 줄로 착각합니다. 예수님이 우리에게 의의 옷을 입히시고, 머리에는 의의 면류관을 씌워 주시는데도 우리는 걸핏하면 죄로 돌아갑니다.

> 여호와 하나님이 이르시되 보라 이 사람이 선악을 아는 일에 우리 중 하나 같이 되었으니 그가 그의 손을 들어 생명나무 열매도 따 먹고 영생할까 하노라 하시고 여호와 하나님이 에덴동산에서 그를 내보내어 그의 근원이 된 땅을 갈게 하시니라 이같이 하나님이 그 사람을 쫓아내시고 에

덴동산 동쪽에 그룹들과 두루 도는 불 칼을 두어 생명나무의 길을 지키게 하시니라_창 3:22-24

하나님은 죄인의 영생을 허락하지 않으십니다. 죄를 지은 채로 영원히 살게 하지 않으시는 게 은혜입니다. 아담과 하와가 죄를 지은 상태에서 영원히 살지 않게 하기 위해 그들을 에덴동산에서 내보내십니다. 동산 입구에는 '출입 금지' 팻말이 세워집니다.

그러나 이야기는 여기서 끝나지 않습니다. 하나님은 생명나무 열매를 다시 허락해 주실 것입니다.

또 그가 수정같이 맑은 생명수의 강을 내게 보이니 하나님과 및 어린양의 보좌로부터 나와서 길 가운데로 흐르더라 강 좌우에 생명나무가 있어 열두 가지 열매를 맺되 달마다 그 열매를 맺고 그 나무 잎사귀들은 만국을 치료하기 위하여 있더라 다시 저주가 없으며 하나님과 그 어린양의 보좌가 그 가운데에 있으리니 그의 종들이 그를 섬기며 그의 얼굴을 볼 터이요 그의 이름도 그들의 이마에 있으리라 다시 밤이 없겠고 등불과 햇빛이 쓸데없으니 이는 주 하나님이 그들에게 비치심이라 그들이 세세토록 왕 노릇 하리로다_계 22:1-5

나는 누구이며 우리는 어떤 사람입니까? 우리가 사는 이곳이 전부입니까? 이 시간이 전부입니까? 우리가 세세토록 살게 될 곳을 압니까? 그러니 도적처럼 살지 마십시오. 거지처럼 살지 말고, 날마다 새 옷을 입으십시오. 병든 자존심이 아닌 진짜 자존심을 갖고 살아가십시오.

많이 배운다고 새로워지지 않습니다. 많이 배워서 더 많은 거짓말을 하는 사람들이 숱합니다. 새 사람을 입어야 합니다. 새 옷을 입어야 합니다. 수치를 가려 주는 보혈로 깨끗하게 해야 합니다. 그래야 배운 지식이 새로워집니다. 인격이 새로워지고, 성품이 새로워집니다. 비로소 거듭나는 것입니다.

하나님은 인간이
잘못된 선택을 하더라도
수습할 능력과 돌이키도록
도울 능력이 있으시다.

10

죄를 어떻게
해결해야 하는가?

네 아우가 어디 있느냐

창 4:1-15

역사가는 저마다 자신의 관점에서 바라본 역사를 기록합니다. 즉 국가와 민족, 정치와 경제, 사회와 문화, 또는 자유나 인권, 이념이나 제도 등의 관점에서 역사를 기록하고 탐구하며 저술합니다. 그런데 성경 기자들은 매우 독특한 관점에서 역사를 바라보고 기록했습니다. 성경은 오직 죄라는 관점에서 역사를 들여다보는 유일한 책입니다. 성경에 따르면 인류 역사는 곧 죄의 확장사라고 할 수 있습니다.

태초에 에덴동산에서 살던 인간이 죄에 감염됩니다. 감염 원인이 특이하게도 금지명령에 대한 불순종입니다. 하나님처럼 되고 싶다는 욕망과 하나님의 자리를 차지하겠다는 의지 때문에 불순종한 것입니다. 그들은 하나님 말씀대로라면 원래 죽어야 마땅합니다. 그러나 하나님은 그들의 생명을 앗아가지는 않으십니다. 다만 그들을 에덴동산에서 내쫓으십니다.

아담과 하와에게는 에덴에서 쫓겨난 것이 곧 죽음입니다. 하나님과의 관계가 단절되었기 때문입니다. 그러나 아담은 하나님이 그들 곁을 떠나지 않으실 것이며 그들을 계속 사랑하며 돌보시리라는 것을 압니다. 왜냐하면 하나님이 여자의 후손과 뱀의 후손이 원수 되게 하고, 여자의 후손이 뱀의 머리를 상하게 하리라는 메시아에 관한 '원시복음'을 들려주셨기 때문입니다.

인류는 태초에 지은 죄를 대대로 물려받게 되었습니다. 모든 세대가 죄를 짊어진 채로 태어나는 것입니다. 우리 안에 있는 죄를 어떻게 해결해야 할까요?

사람과 제물은 분리되지 않는다

하나님은 아담과 하와에게 즉시 죽음을 선고하는 대신에 하와에게는 임신과 출산의 고통을 더하시고, 아담에게는 노동의 수고로움을 더하셨습니다. 그 때문에 아담과 하와는 살기가 힘들어졌지만 죽음은 면했습니다. 그들은 힘들 때마다 에덴을 그리워했을 것이고, 하나님을 기억했을 것입니다.

> 아담이 그의 아내 하와와 동침하매 하와가 임신하여 가인을 낳고 이르되
> 내가 여호와로 말미암아 득남하였다 하니라_창 4:1

첫아들 가인이 태어나자 하와는 "내가 여호와로 말미암아 득남하였다"고 고백합니다. 하나님이 함께해 주신 덕분에 아들을 낳았다는 것입니다. 아담도 하와의 고통스러운 출산 과정을 지켜봤을 것입니다. 아담과 하와가 가인의 출생을 지켜보면서 얻은 깨달음은 하나님이 여전히 그들과 함께하고 계시다는 사실입니다.

아담과 하와는 자녀를 통해 하나님을 더욱 알아갑니다. 그들은 해산의 고통을 통해 하나님과의 관계를 돌아봤을 것이고, 하나님이 주신 고통의 의미를 더욱 깊이 새겼을 것입니다. 인간은 고통의 사건을 통해 하나님을 기억하곤 합니다. 그런 의미에서 고통은 의미가 있습니다.

인간사는 모두 하나님과 관련 있습니다. 이것을 알아가는 것

이 삶의 여정이며 그 과정이 성숙입니다.

그가 또 가인의 아우 아벨을 낳았는데 아벨은 양 치는 자였고 가인은 농
사하는 자였더라_창 4:2

둘째 아들 아벨이 태어납니다. 아벨과 가인의 원래 히브리어
발음은 각각 '헤벨'과 '카인'입니다. '카인'의 뜻은 '낳음, 얻음, 소
유'인데, 아담이 내가 '아들을 얻었다, 이 아들은 내 소유다'라는
뜻에서 이름을 지었을 것입니다. 그런데 '헤벨'의 뜻이 뜻밖입니
다. '숨, 수증기'라는 뜻도 있지만, '허무, 공허'를 뜻하기 때문입
니다. 왜 하필 이런 뜻의 이름을 지어 주었을까요? 첫아들을 낳
아 키워 보니 '내 것'이라는 생각이 헛되다는 걸 깨달았기 때문일
까요? 아니면 혹시 허무하게 죽게 될 둘째 아이의 죽음을 예감했
던 것일까요? 어쨌건 두 아이의 이름을 그냥 짓지는 않았을 것입
니다. 아담과 하와의 삶에 관한 관점이 두 자녀의 이름에 담겼을
것입니다.
　저는 가인과 아벨이라는 이름이 우리 인생 전체를 대변해 주
지 않나 싶습니다. 우리의 욕망은 끝이 없습니다. 그러나 살면 살
수록 원하는 대로 다 소유할 수는 없다는 사실을 깨닫습니다. 사
실, 무엇을 소유하려는 욕망이 얼마나 공허합니까!
　세월이 흘러 장성한 가인은 농사를 짓고, 아벨은 양을 칩니다.

세월이 지난 후에 가인은 땅의 소산으로 제물을 삼아 여호와께 드렸고 아벨은 자기도 양의 첫 새끼와 그 기름으로 드렸더니 여호와께서 아벨과 그의 제물은 받으셨으나 가인과 그의 제물은 받지 아니하신지라 가인이 몹시 분하여 안색이 변하니_창 4:3-5

사람은 나이가 들어갈수록 하나님을 생각하기 마련입니다. 무엇 때문일까요? 죽음과 사랑, 두 가지 때문입니다. 죄는 죽음에 대한 두려움을 낳습니다. "죄의 삯은 사망"(롬 6:23)이기 때문입니다. 죽음에 대한 두려움이 크면 클수록 하나님의 사랑을 떠올릴 수밖에 없습니다. 비록 죄 때문에 하나님과의 관계가 단절되었지만, 어떤 것도 하나님의 사랑에서 우리를 끊을 수 없습니다. 가출한 아들이 왜 집으로 다시 돌아옵니까? 자신이 아버지의 끊을 수 없는 사랑 안에 있음을 어렴풋하게나마 기억하기 때문입니다.

다만 죄인이 하나님 앞에 나아갈 때는 반드시 제물이 필요합니다. 죄를 덮지 않고는 하나님 앞에 나아갈 수 없기 때문입니다. 제물은 '죄를 가리는 가리개'와도 같습니다. 아담과 하와는 처음에 무화과나무 잎을 어설피 엮어 스스로 가렸지만, 하나님은 가죽옷을 지어 그들에게 입히셨습니다. 가죽옷은 그들의 수치를 가리기 위해 누군가 피를 흘렸다는 것을 의미합니다. 인간의 죄를 대신하여 짐승이 피를 흘렸다는 것입니다. 이것이 제사의 시작입니다. 제사는 누군가의 피를 요구합니다. 죄인은 누군가 나 대신 생명을 잃는 제물 없이는 제사를 드릴 수 없습니다.

가인은 "땅의 소산"을 제물로 드리고, 아벨은 "양의 첫 새끼와 그 기름"을 드립니다. 각자 자기가 하는 일에 맞추어 능력껏 제물을 마련해 왔습니다. 그런데 하나님은 "아벨과 그의 제물"은 받으시면서도 "가인과 그의 제물"은 받지 않으십니다. 여기서 중요한 사실 한 가지를 발견합니다. 사람과 제물이 맞물려 있다는 것입니다. 사람과 제물은 분리되지 않습니다. 하나님 앞에 가져가는 제물과 제물을 가져가는 그 사람은 별개가 아닙니다. 우리는 때로 선물을 가져온 사람은 안중에도 없이 선물만 받기도 하지만, 하나님은 언제나 사람이 먼저이시고, 사람과 제물을 함께 받으십니다.

히브리서 기자가 이 사건을 해석합니다.

믿음으로 아벨은 가인보다 더 나은 제사를 하나님께 드림으로 의로운 자라 하시는 증거를 얻었으니 하나님이 그 예물에 대하여 증언하심이라 그가 죽었으나 그 믿음으로써 지금도 말하느니라_히 11:4

하나님이 "아벨과 그의 제물"을 받아 주신 것은 아벨이 믿음으로 나아갔기 때문이라는 것입니다. 이는 그가 하나님을 믿었다는 뜻이고, 그의 삶이 믿음의 삶이었다는 것을 의미합니다. 아벨은 믿음의 제사를 드림으로써 "의로운 자"라는 증거를 얻습니다. 그는 하나님과 올바른 관계를 맺고 살았습니다.

그러므로 우리가 중요하게 생각해야 할 것은 무엇입니까? 제물입니까? 일상의 삶입니까? 자기 자신에게 물어보십시오. 일주일 168시간 중에 교회에서 드리는 1시간이 예배입니까? 아니면 교회 바깥에서 사는 167시간이 예배입니까? 둘 다입니다. 일상에서 삶의 예배를 드리는 사람이야말로 교회에서 진정한 예배를 드릴 수 있는 법입니다.

하나님을 향해 서 있는 것이 '선'이다

어떤 예배가 좋은 예배입니까? 대부분은 수많은 사람이 복잡한 예배 순서를 일사불란하게 진행하면서도 장엄하게 드리는 것이 좋은 예배라고 생각합니다. 하나님도 이런 예배를 기쁘게 받으실 것으로 생각하기 쉽습니다. 그러나 착각입니다. 하나님이 원하시는 것은 숙련된 예배 기술이 아니라 오직 우리의 상한 심령과 가난한 마음과 하나님을 간절히 원하는 마음이기 때문입니다.

예수님은 따로 서서 드리는 바리새인의 기도보다 "감히 눈을 들어 하늘을 쳐다보지도 못하고 다만 가슴을 치며"(눅 18:13) 드리는 세리의 기도에 귀를 기울이시고, 부자들의 고액 헌금보다는 가난한 과부가 낸 "두 렙돈"(눅 21:2)을 더 귀하게 여기십니다. 왜냐하면 예배자의 진정성이 삶에 묻어 있기 때문입니다.

하나님이 받으시는 예물은 사람과 분리되지 않습니다. 예배도 사람과 분리되지 않습니다. 그래서 어떤 예배는 받으시지만, 어떤 예배는 평생 드려도 안 받으실 수 있습니다. 예배는 형식의 문제가 아니라 인간 본질의 문제, 내면의 문제이기 때문입니다.

모든 인생은 예배에서 갈립니다. 바른 예배를 드리면, 인생에 성공한 것입니다. 온전한 예배를 드리는 것이야말로 인생이 누리는 진정한 기쁨입니다. 예배의 기쁨이 삶에 흘러넘칠 때, 하나님의 능력이 나타나고 하나님 나라가 그 모습을 드러냅니다.

그러나 하나님이 받지 않으시는 예배는 인간의 모든 문제를 얽히고설키게 만들 뿐입니다.

여호와께서 가인에게 이르시되 네가 분하여함은 어찌 됨이며 안색이 변함은 어찌 됨이냐 네가 선을 행하면 어찌 낯을 들지 못하겠느냐 선을 행하지 아니하면 죄가 문에 엎드려 있느니라 죄가 너를 원하나 너는 죄를 다스릴지니라_창 4:6-7

하나님이 "가인과 그의 제물"을 받지 않으신 이유가 드러납니다.

"가인아, 너는 무엇 때문에 분해하느냐? 안색이 왜 변하느냐? 네가 선을 행하면 낯을 들지 못할 이유가 없지 않더냐?"

하나님을 향해 서 있는 것이 '선'이고, 자신을 향해 서 있는 것이 '선을 행하지 않는 것'입니다. 선의 문제는 하나님과의 관계에 달렸습니다. 그런데 가인은 문제의 본질을 외면한 것입니다. 인간은 "선악을 알게 하는 나무의 열매"를 먹었고, 그 대가로 고통을 겪게 되었습니다. 고통은 인생의 갈림길이 됩니다. 하나님을 더욱더 의식하고 하나님께 나아가는 길이 될 수도 있고, 자신을 더 의식하고 자기중심이 되어 가는 길이 될 수도 있습니다.

고통의 원인을 생각하면 하나님께 가까이 나아가게 되지만, 고통의 증세에만 집중하면 자기 자신에게 더욱 몰입하게 됩니다. 가령 어떤 사람이 욕심을 부리다가 사기를 당하여 가진 돈을 다 잃었다고 합시다. 생각할수록 고통스러울 것입니다. 고통 때문에 몸부림치며 하나님을 찾습니다. 그는 자기를 속인 사람을 왜 내버려 두시느냐고 부르짖습니다. 그런다고 하나님이 돈을 찾아 주십니까? 아닙니다. 기도하면 할수록 하나님은 그의 안에 있는 탐욕을 들여다보게 하십니다. 대개는 하나님을 더욱 의지하여 탐심을 없애고 자족하게 하심으로써 문제를 해결해 주십니다. 그리고 때가 되면 생각하지 못했던 뜻밖의 방법으로 잃었던 것을 회복하게 하십니다.

하나님은 가인에게 "네가 자기 자신에게 몰입하여 낯을 붉히며 분노하고만 있으면, 죄가 문 앞에 버티고 서서 네가 드나들 때마다 네 인생을 가로챌 것"이라고 말씀하십니다. 선을 행해야 합니다. 선을 행하지 않는 것이 죄입니다. 죄를 지어서 죄인이 되는 것이 아니라 선을 행하지 않아서 죄인입니다. 성경은 '방향이 틀어진 것'을 가리켜 죄라고 말합니다. 하나님을 바라봐야 할 시선이 빗나가 자기 자신을 보고 있다면, 그것이 죄입니다. 무슨 선을 행해야 합니까? 단순히 착하게 살라는 뜻이 아닙니다. 날마다 자기 자신을 향하려는 시선을 하나님께로 돌이키는 것이 선입니다.

그런데 눈에 보이지 않는 하나님을 어떻게 바라보라는 것입니까? 하나님의 말씀을 기억하는 것이 하나님을 바라보는 것입니다. 남편이 아내를, 아내가 남편을 종일 생각하는 것은 사랑이지만, 남편이 다른 여자를, 아내가 다른 남자를 생각한다면 불륜이지 않습니까? 하나님의 말씀을 주야로 묵상하는 것이 하나님을 바라보는 것이며 이것이 바로 선입니다. 반면에 오직 자기 자신만을 생각하거나 종일 세상만을 바라보는 것이 죄로 치닫는 길입니다. 예수님은 음란한 생각이나 시선조차도 간음이라고 말씀하십니다. 실제 행동으로 간음하여 죄를 짓기 전에 "음욕을 품고" 여자를 보는 것만으로도 "마음에 이미 간음하였느니라"라고 말씀하십니다(마 5:28).

죄는 확장되어 간다

세상에 죄짓고 살기를 좋아하는 사람은 아무도 없습니다. 문제는 죄가 "우는 사자 같이 두루 다니며 삼킬 자를"(벧전 5:8) 찾아다닌다는 것입니다. 사람이 죄를 지으려고 애쓰지 않아도, 죄가 사람을 원하여 항상 쫓아다닙니다. 죄는 시도 때도 없이 사람을 덮치려고 문 앞을 지키고 섰습니다. 그 죄를 집 안으로 불러들여서는 안 됩니다. 집 밖에 아무리 오래 기다리고 있어도 죄를 불쌍히 여겨서는 안 됩니다.

하나님은 죄를 다스리라고 말씀하십니다. 다스릴 수 있으니까 말씀하신 것입니다. 사실, 하나님을 바라보는 것만으로도 죄를 다스릴 수 있습니다. 베드로가 예수님을 바라보고 물 위를 걸었듯이 말입니다. 그러나 바람을 보고 무서워하면 물에 빠지고 맙니다(참조, 마 14:25-32). 상황을 바라보면 상황에 빠집니다. 상황 너머에 계시는 그분을 바라볼 때 상황은 우리에 대한 영향력과 지배력을 상실합니다.

그러나 가인은 하나님의 말씀에 주의를 기울이지 않습니다. 죄는 관계에 균열을 초래하고 단절을 가져옴으로써 불순종을 키웁니다.

가인이 그의 아우 아벨에게 말하고 그들이 들에 있을 때에 가인이 그의 아우 아벨을 쳐 죽이니라 _창 4:8

가인은 하나님이 그의 제물을 받지 않으셨다는 사실에 수치심을 느끼며 분노하지만, 차마 하나님에게 분노를 표출하지는 못합니다. 그는 분노를 분출할 상대를 찾았고, 동생 아벨을 지목합니다. 그는 아벨에게 들에 나가자며 성가시게 요구합니다. 그리고 결국 들에서 아벨을 살해하고 맙니다.

우발적인 사고였을까요? 아닙니다. 계획적인 살인입니다. 다투다가 격분하여 자기도 모르게 죽인 것이 아닙니다. 가인은 사탄에게 뒷문을 열어 주었습니다. 사탄은 아벨을 가리키며 가인에게 '너를 곤궁에 빠뜨린 주범은 바로 저 녀석이야'라고 속삭입니다. '아벨이 있는 한 너는 하나님에게 인정받지 못할 거야. 그를 죽이는 것 외에 다른 방법이 없다.' 가인은 귓전에 맴도는 사탄의 목소리에 마음을 빼앗깁니다. 아벨을 어떻게 죽이면 될지에 관해서도 물었을 것입니다. 사탄은 들에 나가서 단둘이 있을 때 동생을 죽여서 땅에 묻어 버리면 감쪽같을 것이라고 말해 줍니다.

아담은 "선악을 알게 하는 나무의 열매"를 먹고 나서 하와를 탓하긴 했지만, 하와를 내치거나 죽이지는 않았습니다. 하와도 뱀을 탓하긴 했지만, 뱀을 잡아서 죽이지는 않았습니다. 그런데 가인은 아벨을 탓하는 것으로 끝내지 않고, 기어코 죽이고야 맙니다. 1세대와 2세대의 차이입니다. 죄가 세대를 거치면서 얼마나 확장되어 가는지를 보십시오.

> 여호와께서 가인에게 이르시되 네 아우 아벨이 어디 있느냐 그가 이르되 내가 알지 못하나이다 내가 내 아우를 지키는 자니이까_창 4:9

하나님이 가인에게 물으십니다. "네 동생 아벨이 어디 있느냐?" 이전에 아담을 향해 던지셨던 질문과 같은 내용입니다. 그때와 마찬가지로 하나님은 아벨이 이미 땅에 묻힌 줄을 알고 물으신 것입니다. 알고도 왜 물으십니까? 누가 사실을 알면서도 물을 때는 정직함을 테스트하려는 것입니다. 하나님은 가인에게 자기 죄를 인정할 기회를 주십니다. 죄를 순순히 인정하고 용서를 구한다면, 용서할 마음이 있으시기 때문입니다. 하나님은 "일곱 번을 일흔 번까지라도"(마 18:22) 용서하시는 분입니다. 그런데 가인이 퉁명스럽게 대답합니다. "나는 모릅니다. 내가 어떻게 압니까? 내가 동생을 지키는 사람입니까?"

아담과 하와는 죄를 짓고 나서 수치심과 두려움 때문에 숨었습니다. 그런데 가인은 부끄러움에 숨는 것이 아니라 대범하게 은폐하고 거짓말합니다. 거짓말로 진실을 숨기는 데 그치지 않고, 항변하며 대들기까지 합니다. 이전 세대보다 죄가 더 교묘해지고, 더 난폭해졌습니다. 죄는 모든 관계를 파괴하고, 악화시킵니다. 가인의 죄는 아벨과의 관계를 단숨에 끊어 놓고, 하나님과의 관계도 돌이킬 수 없는 상태로 몰아갑니다.

지금도 하나님은 각자에게 물으십니다. "네 아우가 어디 있느냐?" "네 남편(아내)이 어디 있느냐?" "네 아들(딸)이 어디 있느냐?" "네 이웃이 어디 있느냐?" "강도 만난 자를 길에 버려둔 채 너는 지금 어디 있느냐?" 우리 대답은 가인의 대답과 별반 다르지 않습니다. "나는 모릅니다. 내가 어떻게 압니까? 내가 그 사람을 지키는 사람이라도 됩니까?" 우리는 자신의 무관심을 정당화하고, 자신의 냉정함을 합리화하는 데 익숙합니다.

사실, 구구절절 변명할 필요 없이 죄를 시인하고 회개하면 간단히 끝날 일입니다.

"주님, 제가 주님을 바라보지 않고, 나 자신을 바라봤습니다. 주님을 바라보는 대신에 넋 놓고 세상을 바라봤습니다. 용서해 주십시오. 지금이라도 다시 주님만을 바라보겠습니다."

그러나 우리 안의 죄성은 사람에 대한 무관심과 무자비함으로 확장되어 갑니다. 나와 상관없으면 관심을 가지지 않습니다. 자기 자신밖에 관심 없게 만드는 것을 교만이라고 합니다. 자기 자신이 너무나 중요하기 때문에 교만해지는 것입니다. 죄는 이렇게 우리 마음속에서 확장되어 갑니다.

죄인들을 위한 하나님의 계획

> 이르시되 네가 무엇을 하였느냐 네 아우의 핏소리가 땅에서부터 내게 호소하느니라 땅이 그 입을 벌려 네 손에서부터 네 아우의 피를 받았은즉 네가 땅에서 저주를 받으리니 네가 밭을 갈아도 땅이 다시는 그 효력을 네게 주지 아니할 것이요 너는 땅에서 피하며 유리하는 자가 되리라
>
> _창 4:10-12

하나님이 참담한 심정으로 "네가 무엇을 하였느냐? 네가 어찌 모른다고 하느냐? 네 아우 아벨의 핏소리가 땅에서부터 들려온다"고 말씀하십니다.

아벨의 피는 그냥 흐르지 않습니다. 부르짖어 호소하며 절규합니다. 아벨의 피를 입으로 받아 낸 땅이 인간을 저주하기 시작합니다. 피가 흥건한 땅은 예전의 땅이 아닙니다. 땅이 가인을 저

주합니다. 밭을 갈아도 예전만큼 소출을 내주지 않을 것입니다. 땅이 인간에게 보복하는 것입니다.

또 땅의 저주로 말미암아 인간은 "땅에서 피하며 유리하는 자"가 될 것입니다. 이는 땅에서 집 없이 떠돌아다니는 방랑자 신세가 된다는 뜻입니다. 방랑은 곧 방황입니다. 방황은 시작은 있으나 끝이 없고, 떠났으나 막상 갈 곳이 없는 것입니다. 땅에서 사는 인간의 가장 비참한 모습이 방황입니다.

하나님이 아브라함에게 주신 축복이 무엇입니까? "너는 눈을 들어 너 있는 곳에서 북쪽과 남쪽 그리고 동쪽과 서쪽을 바라보라 보이는 땅을 내가 너와 네 자손에게 주리니 영원히 이르리라"(창 13:14-15)고 하셨습니다. 그런데 가인에게는 그와 반대로 말씀하십니다. "너는 땅에서 피하며 유리하는 자가 되리라." 머물 곳 없는 삶은 외로움과 두려움으로 가득 찰 것입니다.

> 가인이 여호와께 아뢰되 내 죄벌이 지기가 너무 무거우니이다 주께서 오늘 이 지면에서 나를 쫓아내시온즉 내가 주의 낯을 뵈옵지 못하리니 내가 땅에서 피하며 유리하는 자가 될지라 무릇 나를 만나는 자마다 나를 죽이겠나이다_창 4:13-14

어디에서도 안식을 찾을 수 없는 삶이 시작되었습니다. 가인은 그것이 얼마나 비참할지 짐작하고 벌써 견디지 못해 합니다. 게다가 만나는 사람마다 방랑자가 된 가인을 죽이려고 들 것입니다. 그는 아직도 동생을 죽인 자기 죄의 무게보다 자기 자신의 안전에 더 주목하고 집착합니다. 그는 여전히 죄에 사로잡혀 있으며 죄에서 돌이킬 생각도 안 합니다. 심지어 살인의 죗값을 치를 생각조차 하지 못합니다.

여호와께서 그에게 이르시되 그렇지 아니하다 가인을 죽이는 자는 벌을 칠 배나 받으리라 하시고 가인에게 표를 주사 그를 만나는 모든 사람에게서 죽임을 면하게 하시니라_창 4:15

가인은 계속해서 죄를 부인하며 결코 죄를 자백하지 않습니다. 용서받을 만한 일을 조금도 하지 않는데도 하나님은 그의 생명을 빼앗아 가지 않으십니다. 오히려 가인을 긍휼히 여기십니다. 비록 그가 자기 동생을 죽이긴 했지만, 그 자신이 피살되는 것만은 면하도록 표를 주어 보호하십니다. 왜 보호하십니까?

스스로 죄에서 돌이킬 수 없는 자, 죄에 사로잡혀 제힘으로 악에서 벗어날 수 없는 자들을 구원하실 계획을 세우셨기 때문입니다. 죄를 자백할 줄 모르는 자들을 위해 메시아가 오실 것입니다. 성경은 처음부터 메시아가 오실 것을 예고했습니다. 성경은 처음부터 창조주 하나님이 곧 구세주이심을 밝힙니다.

십자가는 우리에게 주시는 하나님의 용서의 표입니다. 십자가에서 흘러내린 피가 바로 용서의 표입니다. 하나님이 새 일을 시작하십니다. 하나님의 이야기를 만들어 가십니다.

4

동행,

세상과

다른 선택

11.

교회를 다녀도
왜 죄를 이기지 못하나?

가인과 아벨의 후손들

창 4:16-26

창세기는 인류의 죄가 어떻게 시작되었는지를 보여 줍니다. 죄를 지음으로써 최초의 사람 아담과 하와가 어떻게 달라져 가는지도 보여 줍니다. 또 인류 역사상 첫 번째 살인 사건이 어떻게 일어났는지를 보여 줍니다.

하나님이 가인에게 "네 아우 아벨이 어디 있느냐"고 물으시자 그는 "내가 알지 못하나이다 내가 내 아우를 지키는 자니이까" 하고 퉁명스럽게 대답합니다(창 4:9). 게다가 자신이 받아야 할 벌이 너무 무겁다고 불평하기까지 합니다. 하나님은 사람들이 "땅에서 피하며 유리하는 자"(창 4:12)가 된 자신을 죽일 것만 같다고 두려움에 떠는 가인에게 죽음을 면할 표를 주십니다. 살인자가 살인으로 보복당하지 않도록 보호해 주신 것입니다.

죄인이 하나님의 은혜로 이 정도의 처분을 받았으면, 당연히 하나님에게로 돌아가야 하지 않습니까? 그런데 가인은 여전히 자기 뜻대로 선택합니다.

가인이 여호와 앞을 떠나서 에덴 동쪽 놋 땅에 거주하더니_창 4:16

그는 하나님을 떠나 사는 쪽을 택합니다. 죽음을 면했지만, 하나님에게로 돌이키지는 않습니다. 가인도 한때는 하나님께 제사를 드리던 사람입니다. 그러나 죄를 이기지 못하여 유리하는 자가 되었습니다.

진정한 예배를 드릴 줄 모르면, 죄와 유혹을 이기지 못한다는 사실에 주목하십시오. 주일마다 교회에 다니는데도 왜 죄를 이기지 못합니까? 교회에 출석만 할 뿐 올바른 예배를 드리지 않기 때문입니다. 눈도장만 찍고 다니기 때문입니다. 신령과 진정으로 예배드리지 않은 탓에 교회에 아무리 오래 다녔어도 하나님을 못 만나고, 하나님의 음성도 못 듣습니다. 그러니 교회 문만 나서면 세속적인 삶의 습성으로 돌아가는 것 아닙니까?

하나님으로부터 점점 멀어지다

우리는 안다고 하나 사실 제대로 아는 것이 없습니다. 하나님에 관해 많은 이야기를 나누지만, 사실 하나님이 어떤 분이신지 잘 모릅니다. 성경 이야기를 더러 들어서 알긴 하지만, 깊게 알지는 못합니다. 죄도 그렇습니다. "제가 죄인입니다"라고 고백하지만, 실제 죄가 얼마나 심각한지는 잘 모릅니다. 성경 전체가 죄와 구원에 관한 이야기이지만, 죄의 시작과 확산과 엄청난 결과에 관해서는 아는 바가 별로 없습니다.

죄에 관해 모르면, 구원의 값어치를 알 수 없습니다. 죄를 가볍게 여기면, 구원도 가볍게 여길 수밖에 없습니다. 죄의 결과가 얼마나 끔찍한지를 모르기 때문에 구원받았다고 하면서도 한순간에 죄로 돌아가는 것입니다.

하나님은 "가인과 그의 제물"(창 4:5)을 받지 않음으로써 죄 문제의 심각성을 보여 주십니다. 하나님은 가인에게 "죄가 문에 엎

드려 있느니라 죄가 너를 원하나 너는 죄를 다스릴지니라"(창 4:7)라고 말씀해 주십니다. 날마다 선을 행하지 않으면, 죄를 이기지 못할 것입니다.

그런데도 가인은 죄를 떨치지 못하고, 선을 행하지도 못합니다. 대신에 그는 하나님을 떠나기로 결심합니다. 하나님 앞을 떠난 가인은 "에덴 동쪽 놋 땅"(창 4:16)으로 갑니다.

"놋"이란 지명에는 '유리, 방황, 방랑'이란 뜻과 '슬픔, 애통'이란 뜻이 있습니다. 하나님을 떠난 모든 인간이 살아가야 할 곳이 사실 놋입니다. 하나님과 함께하는 기쁨의 땅, 에덴을 떠나서 인간이 갈 수 있는 곳은 방황의 땅, 놋뿐입니다. 놋 땅은 고통과 슬픔이 있는 땅입니다.

인간은 하나님 앞에서 갈 곳이 두 방향밖에 없습니다. 에덴 방향과 놋 방향입니다. 에덴은 하나님이 계신 곳으로, 인간이 돌아가야 할 곳입니다. 놋은 하나님을 등지는 방향으로, 하나님 없이 홀로 살아가기로 결심한 인간이 하나님으로부터 멀어지는 방향입니다.

인간이 왜 외롭고 쓸쓸합니까? 하나님을 떠났기 때문입니다. 왜 자꾸 어디론가 떠나려고 합니까? 방황하기 때문입니다. '여기 있으면 괜찮을까? 저기로 가면 안정감을 느낄까?' 이사도 해 보고, 이민도 가 보지만 어디를 가도 외롭고 쓸쓸하기는 매한가지입니다. 무엇 때문입니까? 에덴을 그리워하면서도 하나님으로부터 점점 멀어져 놋 땅에서 헤매기 때문입니다.

하나님을 떠난 가인이 놋 땅에서는 행복했겠습니까? 하나님을 알던 사람이 하나님과 멀어지면, 그 고통은 더욱 심각해집니다.

한 번 빛을 받고 하늘의 은사를 맛보고 성령에 참여한 바 되고 하나님의 선한 말씀과 내세의 능력을 맛보고도 타락한 자들은 다시 새롭게 하여 회개하게 할 수 없나니 이는 그들이 하나님의 아들을 다시 십자가에 못 박아 드러내 놓고 욕되게 함이라_히 6:4-6

히브리서 기자는 하나님을 알았으나 하나님께 등을 돌리고 떠난 사람들이 예수님을 십자가에 못 박았다고 폭로합니다. 그들은 가인의 후손입니다. 에덴의 동쪽을 향해 나아갔던 자들입니다. 놋 땅에 거주하는 이들입니다.

아내와 동침하매 그가 임신하여 에녹을 낳은지라 가인이 성을 쌓고 그의 아들의 이름으로 성을 이름하여 에녹이라 하니라_창 4:17

가인이 하나님을 떠나 제일 처음 한 일은 성 쌓기입니다. 성이란 규모가 큰 담이요 큰 울타리입니다. 즉 자기 자신을 지키고자 그은 경계선이요 자기 소유를 주장하는 한계선입니다. 하나님을 떠난 가인이 하나님 대신 택한 것이 바로 "성"입니다. 고대에는 성벽을 두름으로써 도시를 이루었습니다. 성을 높이 올려 탑을 쌓기도 했습니다. 견고한 성벽과 높은 탑은 인간이 하나님보다 자신을 높이려고 할 때마다 짓는 것들입니다. 훗날, 결국 바벨탑을 짓게 될 것입니다.

그런데 그 성이 사람을 지켜 줍니까? 오히려 자신이 쌓은 성에 스스로 갇히게 되곤 하지 않습니까? 오늘날 하나님에게서 멀어진 사람들이 주로 쌓는 "성"은 각자의 소유입니다. 그것이 집이건 돈이건 권력이건 상관없이 인간이 손에 쥐고자 하는 것들은 사실 잃어버린 에덴의 대용품에 불과합니다. 하나님을 등지고 살아가는 인생이 스스로 자신이 기대어 쉴 곳을 짓고 쌓는 것입니다.

사실, 인류 역사는 곧 '성채'(城砦)의 역사 아닙니까? 누가 어떤 성을 어떻게 쌓았는지, 그 성들은 얼마나 오래갔는지, 누가 성들을 빼앗고 빼앗겼는지에 관한 이야기가 곧 역사입니다. 성채 이야기가 확장되어 국가와 민족 이야기가 되고, 국가 간의 다툼이 전쟁 이야기가 됩니다. 가인이 성을 쌓은 이래 그의 후손들은 성을 쌓거나 도시를 건축하는 일에 몰두합니다. 그들의 이야기는 훗날 민족과 국가의 이야기로 이어질 것입니다.

악인과 의인 모두에게 재능을 주신다

에녹이 이랏을 낳고 이랏은 므후야엘을 낳고 므후야엘은 므드사엘을 낳고 므드사엘은 라멕을 낳았더라 라멕이 두 아내를 맞이하였으니 하나의 이름은 아다요 하나의 이름은 씰라였더라_창 4:18-19

가인의 5대손 라멕에 주목하십시오. 에녹, 이랏, 므후야엘, 므드사엘을 거쳐 라멕이 태어났습니다. "라멕"이라는 이름은 '힘 있다, 강하다, 난폭하다'는 뜻입니다. 그는 성에서 태어나 성에서 자랐습니다. 즉 도시에서 태어나 도시에서 살아온 사람입니다. 그는 강하고 능력 있는 아들입니다.

라멕이 한 일 중에 가장 두드러진 것은 "두 아내"를 맞이한 일입니다. 아다와 씰라, 두 아내를 얻음으로써 일부다처제의 문을 엽니다. 여기서 죄의 속성 한 가지를 발견합니다. 죄는 가정을 복잡하게 만든다는 것입니다. 하나님은 일부일처제를 만드셨으나 라멕은 남편과 아내의 일대일 관계를 깨뜨렸습니다. 라멕은 성취욕이 강한 사람이었을 것입니다. 무슨 일이건 의욕적으로 해낼 수 있는 사람입니다. 그는 두 아내를 두는 것으로 자기 존재를 과시합니다. 라멕은 하나님보다 자기 성취를 더 중요하게 여기는 사람의 전형입니다.

> 아다는 야발을 낳았으니 그는 장막에 거주하며 가축을 치는 자의 조상이 되었고 그의 아우의 이름은 유발이니 그는 수금과 퉁소를 잡는 모든 자의 조상이 되었으며 씰라는 두발가인을 낳았으니 그는 구리와 쇠로 여러 가지 기구를 만드는 자요 두발가인의 누이는 나아마였더라_창 4:20-22

라멕에게서 태어난 자녀들이 어떤 직업을 택하는지 살펴보십시오. 야발은 "가축을 치는 자의 조상"이 되고, 야발의 아우 유발은 "수금과 퉁소를 잡는 모든 자의 조상"이 되며 두발가인은 "구리와 쇠로 여러 가지 기구를 만드는 자"입니다. 이들은 각각 목축업자, 예술가, 장인의 조상이 됩니다. 당시 기록에서 좀처럼 등장하지 않는 여자 이름이 등장합니다. 두발가인의 여동생 나아마입니다. 당시 그녀의 이름이 널리 알려졌기 때문에 기록되었을 것입니다. 미모 때문인지 재능 때문인지는 알 수 없으나 아들들 못지않게 유명한 딸이었음이 분명합니다.

죄인들이 살아가는 방향이 흥미롭지 않습니까? 다양한 직업군이 등장합니다. 이것은 무엇을 말해 줍니까? 하나님은 죄인들에게서 재능을 앗아가는 분이 아니라는 뜻입니다. 비록 죄를 지었어도 그들이 하고자 하는 일을 막지는 않으신다는 것입니다. 인간이 스스로 방황하는 인생을 선택할지라도 하나님은 살고자 하는 그의 의욕을 꺾지는 않으십니다.

악한 자들이 유독 열심히 살거나 특별한 재능을 발휘하는 것을 보면, 왜 하나님은 저런 사람들을 빨리 심판하지 않으시고, 자유롭게 살도록 내버려 두시는가 하고 고개가 갸웃해집니다. 어떤 선한 사람들은 무지하고 무능하며 심지어 병약하기까지 한데, 오히려 악한 자들이 더 유식하고 더 유능하며 더 건강하기까지 하다면 의문이 생길 수밖에 없습니다. 그러나 우리가 하나님의 뜻을 온전히 이해할 수는 없습니다.

다만 한 가지 분명한 사실은 하나님은 우리가 순종하든 불순종하든 상관없이 재능을 주시는 데에 관대하시다는 것입니다. 하나님은 악인이건 의인이건 차별하지 않으시고, 비와 햇볕을 내려 주시는 분입니다.

하나님을 떠난 사람들이 살아가는 모습

라멕이 두 아내에게 들려주는 노래는 성경에 등장하는 최초의 시입니다.

> 라멕이 아내들에게 이르되 아다와 씰라여 내 목소리를 들으라 라멕의 아내들이여 내 말을 들으라 나의 상처로 말미암아 내가 사람을 죽였고 나의 상함으로 말미암아 소년을 죽였도다 가인을 위하여는 벌이 칠 배일진대 라멕을 위하여는 벌이 칠십칠 배이리로다 하였더라 _창 4:23-24

그런데 내용이 살벌합니다. "내가 사람을 죽였는데, 소년을 죽였다. 나를 쳐서 상처를 입혔기 때문이다. 나를 건드리는 자는 살아남지 못하리라"라는 뜻입니다. 라멕은 자신의 살인을 정당화합니다. 그는 "살인자 가인을 건드리면, 벌을 7배 받지만, 나를 건드리면 77배나 받아야 할 것"이라고 주장합니다. 이처럼 죄는 자기합리화의 산실이요 교만의 온상이며 자기주장의 텃밭입니다.

살인은 살인을 부릅니다. 인류 최초의 살인자 가인은 한 사람을 죽였지만, 라멕은 여러 명을 죽인 것으로 보입니다. 그런데도 그는 어떤 죄의식도 느끼지 않습니다. 에덴 동쪽의 문명화된 도시에서는 이런 일들이 일어났습니다. 이 같은 일들은 오늘날도 계속해서 일어나고 있습니다. 얼마나 많은 살인과 얼마나 많은 테러가 벌어지고 있습니까? 하나님을 떠난 사람들이 살아가는 모습은 예나 지금이나 똑같습니다.

사도 바울은 하나님을 마음에 두기 싫어하는 사람들의 내면을 이렇게 묘사합니다.

> 또한 그들이 마음에 하나님 두기를 싫어하매 하나님께서 그들을 그 상실한 마음대로 내버려 두사 합당하지 못한 일을 하게 하셨으니 곧 모든 불의, 추악, 탐욕, 악의가 가득한 자요 시기, 살인, 분쟁, 사기, 악독이 가득한 자요 수군수군하는 자요 비방하는 자요 하나님께서 미워하시는 자요 능욕하는 자요 교만한 자요 자랑하는 자요 악을 도모하는 자요 부모를 거역하는 자요 우매한 자요 배약하는 자요 무정한 자요 무자비한 자라 그들이 이 같은 일을 행하는 자는 사형에 해당한다고 하나님께서 정하심을 알고도 자기들만 행할 뿐 아니라 또한 그런 일을 행하는 자들을 옳다 하느니라_롬 1:28-32

'마음에 하나님 두기를 싫어하는 사람들'이란 하나님을 떠난 사람들을 가리킵니다. 그들의 마음 상태가 곧 타락입니다. 하나님을 부인하거나 거부하는 등 타락한 마음이 되면, 그 속을 가득 채우는 것들이 있습니다. '불의, 추악, 탐욕, 악의, 시기, 살인, 분쟁, 사기, 악독, 비방, 능욕, 교만, 자랑, 우매, 배약, 무정, 무자비…' 그 목록이 끝없이 이어집니다. 악한 자들은 그냥 악하지 않습니다. 그들은 하나같이 자신이 옳다고 주장합니다. 더 큰 문제는 자기들만 악을 행하는 것이 아니라 악행을 저지르는 이들을 옳다고 두둔하기까지 한다는 것입니다.

그러나 하나님이 아담에게 인간의 죄악이 가져올 결과를 분명하게 말씀해 주셨다는 사실을 기억해야 합니다. 타락한 인간은 이마에 땀을 흘려야 생명을 부지할 수 있고, 땅이 엉겅퀴를 내니 아무리 노력해도 헛수고가 될 수 있음을 경고하셨습니다(참조, 창 3:17-18). 인간은 본래 "흙이니 흙으로 돌아갈 것"(창 3:19)입니다. 과연 인간이 하는 일들은 "헛되고 헛되며 헛되고 헛되니 모든 것이"(전 1:2) 헛됩니다. 해 아래에 새것이 없음을 한탄하고, 날마다 수고하며 무거운 짐을 짊어지고 가다가 언젠가는 지쳐서 쓰러지고 말 것입니다. 그러다가 결국 흙으로 돌아가게 될 것입니다.

이런 이야기를 들어봤을 것입니다. 주인이 어느 날 종에게 제안합니다.

"네가 원하는 대로 땅을 줄 테니, 다녀올 수 있을 만큼 종일 걸어 보아라. 네가 밟고 돌아오는 땅을 다 네 것으로 주겠다. 단, 반드시 오늘 안으로 돌아와야 한다!"

종은 동트기 전에 서둘러 집을 나섭니다. 온종일 땀 흘리며 죽을힘을 다해 걷습니다. 중간에 쉬다가도 마음이 조급해져 이내 뛰어가곤 합니다. 어느새 해가 저물기 시작합니다. 그러나 발길을 돌리기에는 눈앞에 펼쳐진 땅이 너무 아름답고 비옥해 보입니다. '조금만 더 가자, 한 걸음만 더 가자' 하다가 해가 떨어지고 말았습니다. 그는 끝내 그날 안으로 돌아오지 못합니다. 지쳐 쓰러져 죽어 버린 것입니다. 결국, 그는 생전에 땅을 얻기는커녕 오히려 한 줌 흙으로 돌아가고 맙니다. 하나님을 떠난 인생이 맞이할 결말은 이와 같을 것입니다.

아벨에 대한 보상

결국, 인류는 흙으로 돌아가는 것으로 끝이 날까요? 아닙니다. 하나님은 아벨의 후손을 준비해 두셨습니다.

> 아담이 다시 자기 아내와 동침하매 그가 아들을 낳아 그의 이름을 셋이라 하였으니 이는 하나님이 내게 가인이 죽인 아벨 대신에 다른 씨를 주셨다 함이며_창 4:25

아벨의 후손 이야기는 가인의 후손 이야기에 비해 짧게 기록되어 있습니다. 아벨은 분명히 죽었지만, 실은 죽지 않았습니다. 하나님은 아벨의 핏소리가 땅에서부터 호소하는 것을 들으셨고, 아벨의 죽음을 헛되이 여기지 않으셨습니다. 히브리서 기자는 아벨의 죽음을 의로운 죽음으로 기록합니다(참조, 히 11:4). 믿음 때문에 죽은 아벨은 피 흘려 죽은 첫 번째 순교자로 기억됩니다.

가인이 아벨을 죽였지만, 아벨의 후손이 끊긴 것은 아닙니다.

하나님은 아벨을 이을 계보로 "셋"을 주십니다. 아벨과 같은 믿음의 자손 혈통입니다. 하나님은 가인의 후손에서 온 인류가 나오도록 버려두지 않으시고, 믿음의 가계를 새로 이루게 하십니다.

셋은 '보상, 반환'이라는 뜻을 지닌 이름입니다. 셋은 아벨에 대한 보상입니다. 보상이란 '되돌려주는 것'입니다. 마치 아벨을 되돌려주시듯 셋을 주셨다는 뜻입니다. 셋이 아들을 낳습니다. 그 이름은 에노스입니다. 에노스는 라멕처럼 강한 아들이 아닙니다. 몹시 병약했던 것 같습니다. 에노스라는 이름은 '사람, 인류'를 뜻합니다. 의미상 '아담'과 동의어라고 할 수 있습니다. 그는 상한 갈대와도 같고 꺼져 가는 심지와 같은 존재입니다. 성경은 그와 관련하여 매우 중요한 구절을 하나 덧붙입니다.

> 셋도 아들을 낳고 그의 이름을 에노스라 하였으며 그때에 사람들이 비로소 여호와의 이름을 불렀더라_창 4:26

에노스가 이 땅에 태어난 그때에 사람들이 비로소 여호와의 이름을 불렀습니다. 당시 가인의 후손들은 도시를 건설하고 문명을 이루어 번성했습니다. 살인을 저지르고, 가정사가 복잡했지만 그들은 급속히 발전해 나갔습니다. 도시는 활기차고, 사람들의 눈빛은 살기가 느껴질 만큼 열의로 불탔을 것입니다. 하나님에게서 멀어져 제힘으로 바득바득 애쓰며 살아가는 사람들의 특징입니다.

세상일은 대부분 도시를 중심으로 돌아갑니다. 그래서 사람들은 도시를 선호합니다. 그러나 하나님의 일은 도시든 시골이든 장소를 중심으로 돌아가지 않습니다. 시골이어도 상관없습니다. 사실, 복음은 예루살렘이 아닌 갈릴리에서 먼저 들리기 시작했습니다. 예수님의 첫 번째 이적은 사람들로 북적이는 예루살렘 성전이 아닌 가나의 작은 마을 어느 집에서 일어났습니다. 예수님은 많은 사람이 모인 교회에만 계시지 않습니다. "두세 사람이 내 이름으로 모인 곳에는 나도 그들 중에 있느니라"(마 18:20)고 약속하셨습니다. 또 유능하고 힘 있는 사람들과만 함께하시지 않습니다. 연약하고 병약한 사람들과도 함께하십니다. 그래서 혼란스러워하는 사람이 많습니다. 심지어 믿는 사람들조차도 힘들어합니다.

당시 "여호와의 이름"을 불렀던 이들은 어떤 사람들입니까? 아벨, 셋, 에노스와 같은 사람들입니다. 아벨은 하나님이 기쁘게 받으시는 예배를 드렸다가 살해당했습니다. 에노스는 하나님이 주셨지만, 어려서부터 병약합니다. 왜 그런 아이를 주십니까? 그때 비로소 하나님의 이름을 기억하고, 하나님의 이름을 부르게 하시기 위함입니다. 에노스는 자신의 연약함 때문에 하나님을 찾았고, 제힘으로는 어쩔 도리가 없어서 하나님께 부르짖었습니다.

어떤 사람이 교회에서 절망감을 느꼈다면서 이런 이야기를 들려주었습니다. 세상에서 안 되는 일 없이 잘나가는 사람이 예수님까지 열심히 믿는 것을 보니 좌절감이 느껴지더라는 것입니다.

그러나 오해하지 마십시오. 그 사람이 겉보기에는 가인 같고 라멕 같아 보이지만, 속은 셋이나 에노스 같은 사람일 수 있습니다. 겉으로 보기에 한없이 강해 보여도 속은 곪아 터진 연약한 사람일지도 모릅니다.

누가 하나님 앞에 나아갑니까? 누가 하나님 앞에 엎드립니까? 연약한 사람들입니다. 혼자 힘으로 무엇이든지 할 수 있다고 믿는 사람들은 여간해서는 하나님 앞에 나아오지 않습니다.

인간에게 두 방향이 있습니다. 하나님께로 가는 방향과 하나님으로부터 멀어지는 방향입니다. 가인의 방향과 아벨의 방향입니다. 가인의 후손과 아벨의 후손은 그 방향이 정반대입니다.

여기서 중요한 사실은 무엇입니까? 에노스의 후손을 따라 예수 그리스도께서 오신다는 사실입니다. 마태복음의 족보는 아브라함에서 시작하여 마리아의 남편 요셉까지 내려옵니다(마 1:1-16). 그에 반해 누가복음의 족보는 요셉의 아들 예수님에서부터 하나님에게까지 거슬러 올라갑니다(눅 3:23-38). 예수님의 족보를 거슬러 올라가다 보면, 에노스와 셋을 만납니다.

그 위는 에노스요 그 위는 셋이요 그 위는 아담이요 그 위는 하나님이시니라_눅 3:38

우리는 예수님 가문에 속한 사람들로 아브라함의 후손입니다. 더 올라가면 누가 나옵니까? 연약하기 그지없던 에노스가 나옵니다. 가인에게 죽임당한 아벨 대신에 아담과 하와에게 주신 셋이 나옵니다. 그 위가 아담이고, 그 위는 하나님이십니다. 그러므로 인간 족보의 궁극적인 시작은 하나님입니다. 이 족보를 영원히 이어 가기 위해, 하나님은 셋과 에노스의 족보에서 예수 그리스도께서 탄생하도록 하셨습니다.

하나님은 세상이 별로 주목하지 않던 연약한 사람들로 믿음의 족보를 이루게 하셨다는 사실을 기억하십시오. 예수님은 인간이 자랑하는 모든 족보를 부끄럽게 하려고 가장 연약한 족보를 따라 이 땅에 태어나셨습니다.

그러니 집안 자랑 같은 것은 하지 마십시오. 선조도 자랑하지 마십시오. 결혼할 때, 이것저것 따지지 마십시오. 예수님의 족보만큼 귀한 것이 없습니다. 기준은 오직 하나입니다. 하나님을 잘 믿는 것보다 더 훌륭한 인격은 없습니다. 예수님의 족보만이 우리를 구원합니다. 하나님의 이름을 기억하는 것보다 더 중요한 일은 없습니다. 하나님의 이름을 부르는 인생보다 더 위대한 인생은 없습니다.

12

하나님은 에녹을
왜 데려가셨는가?

죽음을 보지 않고 옮겨지다

창 5:1-32

그리스도인은 구원의 물줄기를 타고 흘러가는 사람들입니다. 그러므로 믿음의 조상들에 관해 아는 것이 매우 중요합니다.

이것은 아담의 계보를 적은 책이니라 하나님이 사람을 창조하실 때에 하나님의 모양대로 지으시되 남자와 여자를 창조하셨고 그들이 창조되던 날에 하나님이 그들에게 복을 주시고 그들의 이름을 사람이라 일컬으셨더라_창 5:1-2

"계보"라는 말에 집중하기 바랍니다. "계보"로 번역된 히브리어는 '톨레도트'입니다. '족보, 계보, 대략, 약전'이라는 뜻인데, 한 단어가 여러 뜻으로 번역됩니다. 개역개정판은 주로 "족보"로 번역했고, 영어 성경에서는 "generations"(세대), "genealogy"(계보, 족보), "birth"(혈통, 가문), "descendants"(후손), "history"(역사) 등으로 번역되었습니다.

그런데 톨레도트는 어떤 번역으로도 그 뜻을 충분히 전하지 못합니다. 톨레도트가 지닌 정확한 의미는 '어떤 사람과 사건을 기점으로 해서 그 후에 일어날 후속 결과들'입니다. 그래서 복수로만 쓰입니다. 무슨 일이건 한 가지 결과만 가져오지 않고, 여러 가지 일들이 뒤따라 파생되기 때문입니다.

따라서 톨레도트가 나오면, 지루한 족보나 단순한 계보처럼 보일지라도 두 가지에 주목해야 합니다. 첫째, 톨레도트는 새로운 단락을 만든다는 것입니다. 일단 여기서 호흡을 가다듬고, 이

일 또는 이 인물로 인해 어떤 일이 지속적으로 발생하는지를 주목해서 보라는 예고와도 같습니다. 언제나 사람이 단락을 만듭니다. 사람이 단락의 열쇠입니다.

둘째, 하나님은 각 사람의 인생에 예측하기 어렵고, 결코 다 알 수 없는 어떤 결과들을 준비하고 계신다는 사실입니다. 무슨 사건이건 그 자체로 끝나지 않고, 어떤 사람이건 그 사람으로 끝나지 않습니다. 나로 인해 어떤 일이 벌어질지, 나로부터 어떤 사람들이 나오게 될지는 하나님만이 아십니다. 내 생각과 판단과 경험을 넘어선 일들이 우리를 기다리고 있습니다.

아담으로 인해 생겨난 계보

하나님은 "자기 형상 곧 하나님의 형상대로"(창 1:27) 아담을 창조하셨습니다. 그리고 여자를 지으시고, 그들을 사람이라 부르시며 그들에게 복을 주셨습니다. 피조물 가운데 사람만이 하나님을 닮았습니다. 그런데 그들은 하나님이 먹지 말라고 하신, 먹으면 "반드시 죽으리라"(창 2:17)고 하신 그 선악과를 기어이 먹고 말았습니다.

이제 아담의 톨레도트, 즉 아담으로부터 비롯된 결과들이 열거됩니다. 그 결과가 무엇입니까?

아담은 백삼십 세에 자기의 모양 곧 자기의 형상과 같은 아들을 낳아 이름을 셋이라 하였고 아담은 셋을 낳은 후 팔백 년을 지내며 자녀들을 낳았으며 그는 구백삼십 세를 살고 죽었더라_창 5:3-5

아담의 아들들은 아담의 모양 곧 아담의 형상을 따라 태어납니다. 아담의 모양과 형상은 어떤 것입니까? 하나님이 원래 의도하셨던 모양과 형상이 아니라 죄로 인해 일그러진 모양과 형상입니다.

아담의 후손은 아담의 형상을 닮음으로써 피할 수 없는 두 가지 특징을 지니게 됩니다. 첫째, 인간은 태어나면서부터 죄인입니다. 둘째, 선악과를 먹으면 "반드시 죽으리라"고 하신 말씀대로 인간은 반드시 죽는 필사(必死)의 존재로 태어난다는 것입니다. 그러므로 아담의 계보를 보면, 몇 살에 자녀를 낳았고, 몇 년을 살다가 몇 살에 죽었다는 기록이 반복됩니다. 몇 년을 살았건 그들은 모두 죽었습니다. 지금에 비하면 무척 오래 살기는 했지만, 그래도 죽음만은 피할 수 없습니다.

다시 '톨레도트'라는 말에 집중해 보십시오. 아담의 톨레도트, 아담으로 인해 생겨난 결과가 무엇입니까? 아담으로 인해 생겨난 계보는 하나님이 이어 가시긴 하지만, 사망자 명단과도 같습니다. 누가 언제 죽었다는 기록입니다.

사도 바울은 이 점에 주목하여 첫 번째 아담으로 인해 죽음이 유업이 되었지만, 하나님은 두 번째 아담을 준비하셨고, 그분이 오심으로써 영생이 유업이 되었다는 사실을 강조합니다.

그러므로 한 사람으로 말미암아 죄가 세상에 들어오고 죄로 말미암아 사망이 들어왔나니 이와 같이 모든 사람이 죄를 지었으므로 사망이 모든 사람에게 이르렀느니라_롬 5:12

모든 사람이 죽음에 이르게 되었지만, 한 분으로 말미암아 이 사실이 역전됩니다.

사망이 한 사람으로 말미암았으니 죽은 자의 부활도 한 사람으로 말미암는도다_고전 15:21

한 사람으로 인해 죄가 들어왔고, 한 사람으로 말미암아 죽음이 들어왔습니다. 그와 마찬가지로 한 사람으로 인해 의가 들어오고, 한 사람으로 말미암아 생명이 들어옵니다. 한 사람을 통해 부활이 주어집니다. 한 사람입니다. 한 사람이 인류를 대표할 수도, 대신할 수도 있습니다. 한 가정이나 한 팀이나 한 회사나 한 국가나 한 민족도 한 사람이 대표할 수 있지 않습니까? 한 사람은 한 사람에 불과한 존재가 아니라는 뜻입니다. 한 사람이 모두를 대표할 수 있고, 모두를 대신할 수 있습니다. 이 대표성이 매우 중요합니다.

또 유심히 봐야 할 것이 있습니다. 아담의 첫아들은 가인입니다. 그러나 아담의 톨레도트는 두 번째 아담을 향해서 흘러갈 후손들의 이야기가 주된 흐름이 될 것입니다. 가인의 후손은 이 계보에 포함되지 않습니다. 가인의 후손과 아벨의 후손은 서로 섞이는 일 없이 분명히 구별될 것입니다. 하나님은 가인에게 죽임 당한 아벨 대신에 아담에게 주신 셋을 통해서 뱀의 머리를 깨뜨릴 여자의 후손의 족보, 하나님의 이름을 부르며 예배를 드릴 계보를 만들어 가십니다.

> 셋은 백오 세에 에노스를 낳았고 에노스를 낳은 후 팔백칠 년을 지내며 자녀들을 낳았으며 그는 구백십이 세를 살고 죽었더라 에노스는 구십 세에 게난을 낳았고 게난을 낳은 후 팔백십오 년을 지내며 자녀들을 낳았으며 그는 구백오 세를 살고 죽었더라 게난은 칠십 세에 마할랄렐을 낳았고 마할랄렐을 낳은 후 팔백사십 년을 지내며 자녀들을 낳았으며 그는 구백십 세를 살고 죽었더라 마할랄렐은 육십오 세에 야렛을 낳았고 야렛을 낳은 후 팔백삼십 년을 지내며 자녀를 낳았으며 그는 팔백구십오 세를 살고 죽었더라 야렛은 백육십이 세에 에녹을 낳았고 에녹을 낳은 후 팔백 년을 지내며 자녀들을 낳았으며 그는 구백육십이 세를 살고 죽었더라_창 5:6-20

여기에 비록 아내들의 이름은 기록되지 않았지만, 남자와 여자는 첫 사람 아담과 하와처럼 부부가 되어 가정을 이루었고, 자녀들을 낳았습니다. 자녀를 낳는 것이 성경에 기록될 일입니까? 그렇습니다. 자녀를 낳는 일은 믿음의 일이라는 것입니다. 지극히 당연하고, 지극히 평범한 일 같아 보이지만, 반복해서 기록될

만큼 중요한 일이라는 것입니다.

하나님의 백성은 자녀를 낳는 일을 결코 가볍게 여겨서는 안 됩니다. 이 일을 통해서 메시아가 오시기 때문입니다. 지금은 3~4대가 함께 사는 집을 찾아보기가 힘든 세상이지만, 아담이 930년을 살았으니 계산해 보면, 8대손이 날 때까지 아담이 살아 있었고, 7~8대가 같은 시대를 살았다는 것을 알 수 있습니다. 아담은 므두셀라가 태어나는 것을 지켜봤을 것입니다.

일상에서 늘 하나님을 기억하는 삶

아담의 계보 중에서 에녹과 므두셀라를 유심히 살펴보십시오.

에녹은 육십오 세에 므두셀라를 낳았고 므두셀라를 낳은 후 삼백 년을 하나님과 동행하며 자녀들을 낳았으며 그는 삼백육십오 세를 살았더라 에녹이 하나님과 동행하더니 하나님이 그를 데려가시므로 세상에 있지 아니하였더라_창 5:21-24

에녹이라는 이름을 혼동하지 마십시오. 가인의 아들 에녹과 다른 에녹입니다. 에덴 동쪽에 처음 세워진 에녹성에 붙여진 이름이 아닙니다. '에녹'이란 '바치다, 드리다, 봉헌하다'는 뜻인데, 누구에게 바쳐지는가에 따라 사람의 일생이 완전히 달라집니다. 인생을 열심히 살기만 하면 될까요? 누구를 위해 열심히 삽니까?

무엇을 위해 열심히 일합니까?

에녹은 65세에 므두셀라를 낳습니다. 그런데 자세히 보면, 에녹은 므두셀라를 낳은 후 300년을 하나님과 동행했다고 되어 있습니다. 그전에는 하나님과 함께하지 않았을까요? 셋이 하나님의 이름을 부르기 시작함으로써 믿음의 족보를 이루었습니다. 셋의 후손은 하나님이 택하신 족보입니다. 즉 셋의 족보는 하나님의 이름을 부르고, 하나님을 예배한 후손들의 족보입니다.

그런데 에녹이 므두셀라를 낳고 나서 특별히 하나님과 동행합니다. 무슨 일이 있었던 것일까요? '므두셀라'라는 이름을 보면, 실마리가 풀립니다. 므두셀라는 히브리어 발음으로 '메투쉘라흐'인데, '창을 던지는 사람'이란 뜻입니다.

고대 전쟁에서는 창 던지는 사람이 죽으면, 그 전쟁은 진 것입니다. 전쟁에서 지면, 그 민족은 망하고 파멸되는 것입니다. 따라서 패망은 나라에 내려지는 심판으로 여겨졌습니다. 므두셀라는 그 이름과 존재로서 인간에게 닥칠 심판, 곧 대홍수 심판을 예고합니다. 에녹은 아들의 이름을 부를 때마다 하나님의 심판을 기억했습니다. 그는 아들을 통해서 심판을 기억하는 삶을 살았던 셈입니다. 그는 날마다 하나님을 기억하고, 하나님의 이름을 불렀습니다. 날마다 하나님의 이름을 부르는 삶, 이것이 바로 하나님과 동행하는 삶입니다.

흥미로운 것은 에녹이 하나님과 동행하면서 무슨 대단한 일을 한 것은 아니라는 사실입니다. 그가 한 일로 기록된 내용은 여느 조상들과 같습니다. 자녀를 낳은 일입니다. 특별히 다른 인생을 살지 않았습니다. 오직 한 가지, 일상에서 늘 하나님을 기억했다는 점이 다릅니다.

사람들은 특별한 일을 해야만 하나님이 기뻐하실 것이라고 흔히 생각합니다. 하나님을 위해 많은 일을 하거나 열심을 다해야만 하나님이 좋아하실 것이라고 생각하기 쉽습니다. 그러나 하나님을 위해 열심을 다하다가 오히려 하나님의 뜻에서 멀어지는 사람들이 얼마나 많은지 모릅니다. 예수님을 십자가에 못 박은 사람들을 보십시오. 그들은 하나같이 자신이 하나님께 열심을 다하고 있다고 믿었고, 다른 사람들의 인정도 받았던 사람들입니다.

그런 면에서 하나님과 동행하는 삶은 깊이 묵상해야 할 주제입니다. 부부는 배우자와 동행하는 삶을 살고 있지 않습니까? 부부가 무슨 대단한 일을 하기 위해 결혼했습니까? 남자와 여자가 부부가 된 이유는 오직 하나입니다. 서로 사랑하기 때문입니다. 동행은 서로 사랑하기 때문에 하는 것입니다. 아내와 남편이 서로 기억하고 서로 존중하며 늘 자신보다 배우자를 더 소중하게 여기며 사는 것이 동행 아닙니까?

에녹은 하나님과 동행했습니다. 하나님과 동행하면서 자녀를 낳았고, 하나님과 동행하면서 자녀를 길렀습니다. 하나님과 동행하면서 집을 나섰고, 하나님과 동행하면서 귀가했습니다. 그는 일상을 하나님과 함께하며 살았고, 하나님이 원하시는 것을 하고자 했습니다. 구원이 무엇입니까? 하나님과 동행하는 삶입니다.

출애굽하여 구원받은 이스라엘 백성은 광야에서 하나님과 동행하는 훈련을 받았습니다.

> 혹시 구름이 저녁부터 아침까지 있다가 아침에 그 구름이 떠오를 때에는 그들이 행진하였고 구름이 밤낮 있다가 떠오르면 곧 행진하였으며 이틀이든지 한 달이든지 일 년이든지 구름이 성막 위에 머물러 있을 동안에는 이스라엘 자손이 진영에 머물고 행진하지 아니하다가 떠오르면 행진하였으니 곧 그들이 여호와의 명령을 따라 진을 치며 여호와의 명령을 따라 행진하고 또 모세를 통하여 이르신 여호와의 명령을 따라 여호와의 직임을 지켰더라_민 9:21-23

동행은 때로 답답한 일처럼 느껴지기도 합니다. 구름이 성막 위에 머물러 있으면, 이틀이고 사흘이고 한 달이고 일 년이고 머물러 있는 것이 동행입니다. 구름 기둥과 불기둥을 잠잠히 지켜보는 것이 동행입니다. 구름 기둥과 불기둥이 떠나면 함께 움직이는 것이 동행입니다. 어디로 가느냐고 물을 것도 없고, 어디로 가자고 주장할 것도 없습니다. 그러므로 하나님과 함께 가는 길은 어떻게 보면 가장 수동적이며 가장 비효율적인 길입니다. 그러나 동시에 가장 바른 길이요 가장 효율적인 길이기도 합니다.

날마다 죽는 삶의 모델

에녹은 하나님과 300년간 동행합니다. 그는 심판하시는 하나님이 곧 구원하시는 하나님임을 믿습니다. 그 믿음으로 하나님께 나아갑니다. 그는 늘 하나님 편에 서고자 했고, 하나님과 점점 더 가까워집니다. 하나님은 당신을 가까이하는 자를 가까이하십니다. 그래서인지 하나님은 어느 날 불쑥 에녹을 데려가십니다. 하나님이 데려가심으로써 이 땅에서는 에녹을 볼 수 없게 되었습니다.

히브리서 기자는 하나님이 에녹을 왜 데려가셨는가에 관해 설명합니다.

믿음으로 에녹은 죽음을 보지 않고 옮겨졌으니 하나님이 그를 옮기심으로 다시 보이지 아니하였느니라 그는 옮겨지기 전에 하나님을 기쁘시게 하는 자라 하는 증거를 받았느니라_히 11:5

에녹은 "하나님을 기쁘시게 하는 자라 하는 증거를" 받았기에 옮겨졌다는 것입니다. 그는 죽음을 보지 않고, 바로 생명으로 옮겨졌습니다.

예수님이 이 땅에 오신 목적이 무엇입니까? 왜 십자가를 지셨습니까?

내가 진실로 진실로 너희에게 이르노니 내 말을 듣고 또 나 보내신 이를

믿는 자는 영생을 얻었고 심판에 이르지 아니하나니 사망에서 생명으로 옮겼느니라_요 5:24

예수님은 우리를 사망에서 생명으로 옮겨 주시기 위해 오셨습니다. 그런데 어떻게 옮기신다는 것입니까? 예수님의 말씀을 믿고, 또 예수님을 이 땅에 보내신 하나님을 믿는 사람은 영생을 이미 얻었다고 분명하게 말씀하십니다. 믿음으로 사망에서 생명으로 옮기셨다는 것은 무슨 뜻입니까? 예수님이 생명 있는 자들을 자기가 계신 곳으로 데려가신다는 말 아니겠습니까? 그곳은 바로 하나님 아버지의 집입니다. 아버지의 집에는 거할 곳이 많습니다.

예수께서 이르시되 내가 곧 길이요 진리요 생명이니 나로 말미암지 않고는 아버지께로 올 자가 없느니라_요 14:6

예수 그리스도라는 길을 지나지 않고는 아버지의 집에 갈 수 없습니다. 예수님을 메시아로 믿고 예수님의 말씀에 순종하는 사람은 그 믿음으로 영생을 이미 얻었고, 심판을 받지 않을 것입니다. 이 세상에서는 망한 것 같을지라도 결코 망하지 않습니다. 이제 곧 죽을 것 같을지라도 죽지 않습니다. 의사의 사망 진단을 받더라도 끝내 그는 죽지 않습니다. 우리는 필사의 존재로 태어났지만, 구원을 통해 필생의 존재로 옮겨졌습니다. 믿음으로만 가능한 일입니다. 그러니 믿음이 얼마나 소중합니까?

히브리서 기자가 믿음의 중요성에 관해 가르쳐 줍니다.

> 믿음이 없이는 하나님을 기쁘시게 하지 못하나니 하나님께 나아가는 자
> 는 반드시 그가 계신 것과 또한 그가 자기를 찾는 자들에게 상 주시는 이
> 심을 믿어야 할지니라_히 11:6

믿음이 없으면, 하나님을 기쁘시게 할 수 없습니다. 믿음만이 하나님을 기쁘시게 합니다. 하나님은 우리 믿음을 기뻐하십니다. 영이신 하나님, 눈에 보이지 않는 하나님을 모시고 사는 삶, 곧 하나님과 동행하는 삶을 기뻐하십니다. 그렇게 하나님을 가까이하는 사람에게는 반드시 상을 주십니다. 그 상의 이름은 '형통'입니다. 일생 하나님과 동행하는 것이 형통입니다. 일생 하나님의 이름을 부르는 것이 형통입니다. 무슨 일이건 하나님을 먼저 기억하는 것이 형통입니다.

신앙의 목적이 무엇입니까? 하나님을 가까이하는 것입니다. 하나님이 우리를 데려가시는 것이 목적입니다. 이 땅에서 오래오래 사는 것이 목적이 아닙니다. 이 땅에서 부귀영화를 오래오래 누리는 것이 목적이 아닙니다.

당시 기준으로 보면, 에녹은 이 세상을 상당히 일찍 떠났습니다. 다들 900세 이상을 살 때, 그는 365세에 세상을 떠납니다. 예수님은 어떻습니까? 예수님도 서른세 살에 떠나셨습니다. 운이

없었기 때문입니까? 병치레가 잦았던 탓입니까? 아닙니다. 하나
님이 친히 데려가신 것입니다. 부활의 첫 열매가 되게 하려고 데
려가셨습니다.

다시 묻습니다. 우리 신앙의 목적은 무엇입니까? 하나님이 우
리를 데려가시는 것입니다. 우리를 이 땅에 버려두지 않고, 데려
가시는 것이 목적입니다.

그런 뜻에서 이 땅에서 말하는 소위 '죽음'은 우리 소망입니다.
살기 위해 죽기를 소망하다니 역설적입니다. 하나님이 우리를 데
려가시도록 죽는 것이 소망입니다. 언젠가 하나님이 우리를 데려
가실 수 있도록 날마다 하나님을 더 가까이하며 살아야 합니다.

사도 바울은 이런 삶을 날마다 죽는 삶, 곧 "내가 사는 것이 아
니요 오직 내 안에 그리스도께서 사시는"(갈 2:20) 삶으로 표현합
니다. 그 모델이 바로 에녹의 삶입니다.

왜 하나님과 날마다 동행해야 하는가?

므두셀라는 969년을 살았습니다. 성경 인물 가운데 최장수 기
록의 보유자입니다.

> 므두셀라는 백팔십칠 세에 라멕을 낳았고 라멕을 낳은 후 칠백팔십
> 이 년을 지내며 자녀를 낳았으며 그는 구백육십구 세를 살고 죽었더라
>
> _창 5:25-27

그가 그만큼 장수한 데는 이유가 있습니다. 인간에 대한 심판을 최대한 늦추시려는 하나님의 의지가 있었기 때문입니다. 그 자신이 이 땅에 사는 것 자체가 하나님의 메시지였습니다. 하나님의 구원을 향한 므두셀라의 열심이 곧 그의 존재 이유요 장수한 까닭입니다. 그는 손자 노아가 방주를 짓는 모습을 지켜봤을 것입니다. 므두셀라만이겠습니까? 우리는 어떻습니까? 우리가 사는 이유가 무엇입니까? 교회가 존재하는 이유가 무엇입니까? 구원이 있다는 사실을 알리기 위한 것이고, 심판이 있다는 경고를 하기 위함이 아닙니까?

방주는 두 가지 메시지를 전합니다. 구원이 주어졌다는 것과 심판이 다가온다는 것입니다. 아브라함은 하나님께 의인 10명이 있어도 소돔과 고모라를 멸하시겠느냐고 물었습니다(참조, 창 18:32). 하나님의 심판을 멈추어 달라는 간구입니다. 아브라함이 하나님과 동행하는 동안이나 모세가 하나님과 동행하는 동안에는 심판이 임하지 않습니다.

우리는 왜 하나님과 날마다 동행해야 합니까? 왜 하나님께 부르짖어야 합니까? 우리 자신만을 위해서가 아닙니다. 구원받아야 할 사람들 모두를 위해서입니다. 방주는 구원이 목적입니다.

라멕은 백팔십이 세에 아들을 낳고 이름을 노아라 하여 이르되 여호와께서 땅을 저주하시므로 수고롭게 일하는 우리를 이 아들이 안위하리라 하였더라 라멕은 노아를 낳은 후 오백구십오 년을 지내며 자녀들을 낳았으며 그는 칠백칠십칠 세를 살고 죽었더라 노아는 오백 세 된 후에 셈과 함과 야벳을 낳았더라_창 5:28-32

므두셀라가 낳은 라멕이 노아를 낳습니다. '위로'라는 뜻의 이름을 가진 노아는 위로자요 안위자로 이 땅에 태어납니다. 그는 수고하고 무거운 짐을 지고 가는 우리를 위로하기 위해 이 땅에 보내졌습니다.

노아는 480세에 하나님으로부터 방주를 지으라는 명령을 받고, 120년간 산에서 방주를 짓습니다. 그동안 얼마나 많은 공격을 받았겠습니까? 숱한 오해로 비난을 받았을 것입니다. 아마 가장 강력한 지지자는 므두셀라 할아버지와 아버지 라멕이었을 것입니다. 므두셀라는 손자 노아가 방주를 짓기 시작할 때, 하나님의 홍수 심판에 관해 더욱 두려운 생각을 품었을 것입니다.

여기서 주목해야 할 한 가지 사건이 있습니다. 대홍수가 나기 전에 하나님이 노아의 계보의 사람들을 다 부르셨다는 것입니다. 라멕은 홍수가 나기 5년 전에 죽었고, 므두셀라가 죽으면 이제 홍수 심판이 시작될 것입니다. 그러나 세상 사람들은 므두셀라가 자기 삶을 통해 평생 전해 온 심판 메시지나 노아가 방주를 짓는 120년간 전한 대홍수 심판 메시지에도 좀체 귀를 기울이지 않습니다.

가인의 후손들은 여전히 성을 쌓을 것이고, 그들의 후손들은 계속해서 인류의 문명을 발전시킨다는 자부심으로 살 것입니다.

그들은 한결같이 세상이 발전하고 있다고 믿을 것이고, 세상은 점점 더 편리해지고, 점점 더 부유해지며 화려해지고 있다는 사실에 만족할 것입니다.

예수님은 노아가 방주의 마지막 문을 닫을 때까지 세상이 무슨 일로 바삐 살았는지를 말씀하십니다.

노아가 방주에 들어가던 날까지 사람들이 먹고 마시고 장가들고 시집가더니 홍수가 나서 그들을 다 멸망시켰으며 또 롯의 때와 같으리니 사람들이 먹고 마시고 사고팔고 심고 집을 짓더니_눅 17:27-28

그들은 전에 노아의 날 방주를 준비할 동안 하나님이 오래 참고 기다리실 때에 복종하지 아니하던 자들이라 방주에서 물로 말미암아 구원을 얻은 자가 몇 명뿐이니 겨우 여덟 명이라_벧전 3:20

결국, 노아의 가족 8명만이 구원을 얻습니다. 노아는 어떤 삶을 살아서 구원을 받았습니까?

이것이 노아의 족보니라 노아는 의인이요 당대에 완전한 자라 그는 하나님과 동행하였으며_창 6:9

노아는 당대에 의인이었습니다. 어떻게 해서 그가 이런 평가를 받았습니까? 그 또한 하나님과 동행하는 삶을 살았기 때문입니다. 의로움이란 하나님과 바른 관계를 맺으며 사는 모습입니다. 완전함이란 하나님이 그의 안에, 그가 하나님 안에 머무르고 있는 상태를 말합니다. 하나님과 동행하는 삶은 바로 이런 모습입니다.

우리는 지금 누구와 동행하고 있습니까? 순간순간 믿음의 삶을 살고, 믿음의 걸음을 걸으며, 노아처럼 하나님과 동행하는 완전한 삶을 살기를 바랍니다.

13

어떻게 그토록
급속하게 타락했는가?

사람을 보고 한탄하시다

창 6:1-8

가족 가운데 한 사람이 감기가 들면, 온 가족이 순식간에 옮기 마련입니다. 특별히 교회에서는 감기가 빨리 퍼져 나가는 것을 볼 수 있습니다. 사람이 많이 모이기 때문에 한두 사람만 걸려도 금세 전염됩니다. 누가 일부러 옮기지 않아도 함께 있는 것만으로도 그렇게 빨리 확산되는 것은 죄의 속성과 똑같습니다.

창세기 6장 1절에서 4절까지의 말씀은 성경에서 가장 논란이 큰 말씀입니다. 성경을 좀 안다는 사람들 사이에서도 해석이 전혀 다릅니다. 논란의 핵심은 한마디로 인간이 어떻게 그토록 급속하게 타락했느냐 하는 것입니다. 즉 타락이라는 결과를 초래한 원인이 무엇이냐는 것입니다. 물론, 그 원인은 죄의 범람에 있습니다.

하나님의 아들들 vs 사람의 딸들

사람이 땅에 번성하기 시작했습니다. 창세기 4장을 보면 가인의 족보가 나오고, 5장에서는 가인이 죽인 아벨 대신에 하나님이 주신 셋, 즉 하나님을 믿는 백성들의 족보가 시작됩니다. 가인과 셋의 족보에는 아들들, 특히 장자의 이름만 쓰였고, 딸은 두발가인의 누이 나아마 한 명만 기록되었습니다.

그런데 6장에 딸들이 거론됩니다.

사람이 땅 위에 번성하기 시작할 때에 그들에게서 딸들이 나니 하나님의

아들들이 사람의 딸들의 아름다움을 보고 자기들이 좋아하는 모든 여자를 아내로 삼는지라_창 6:1-2

"사람의 딸들"이란 표현은 "하나님의 아들들"과 뚜렷이 대비됩니다. 죄가 급속히 확산된 이유는 하나님의 아들들이 사람의 딸들을 보고 그 아름다움에 취하여, 즉 그들의 매력에 푹 빠져서 정신없이 아내로 삼았기 때문이라고 말합니다.

이것은 하늘의 천사와 땅의 사람 사이에 벌어진 일인가 아니면 사람과 사람 사이에 일어난 일인가에 관한 논쟁으로 서로 의견이 엇갈립니다. 사람과 사람 사이의 일로 보는 견해도 다시 둘로 나뉩니다. 셋 계열의 아들들과 가인 계열의 딸들 사이의 혼인 때문인지 아니면 당시 왕이나 귀족들이 평민의 딸들을 제멋대로 취한 것 때문인지에 관해 다른 의견이 있습니다.

대체 "하나님의 아들들"과 "사람의 딸들"은 누구를 가리키는가가 논란의 출발입니다. 주로 세 가지 주장으로 압축됩니다.

첫째는 하나님의 아들들을 '타락한 천사들'로 보는 것입니다. 타락한 천사들이 아름다운 사람의 딸들의 매력에 사로잡힙니다. 문제는 그들이 마음에 드는 모든 여자를 취한다는 것입니다. 마음에 든다고 어떻게 다 아내로 삼을 수 있습니까? 대단한 능력이 있어야 가능한 일 아닙니까? 그래서 타락한 천사들이나 그렇게 할 수 있었을 것이라고 보는 것입니다.

욥기 1, 2장에 보면, 하나님이 주재하시는 천상 회의에 "사탄"

과 "하나님의 아들들"이 참석합니다. 여기서 "하나님의 아들들"을 천사들을 가리키는 표현으로 보는 견해입니다. 이 천사들 중에 타락한 천사들이 땅에 내려와 아름다운 사람의 딸들을 취했다는 것입니다.

하루는 하나님의 아들들이 와서 여호와 앞에 섰고 사탄도 그들 가운데에 온지라_욥 1:6

〈에녹1서〉라는 외경을 보면, 천사 200명이 땅에 내려와 아름다운 여자들을 아내로 취했고, 그들이 거인을 낳았다고 기록되어 있습니다. 유대 역사가 요세푸스(Josephus)도 이 이야기를 따라서 "많은 천사가 여자와 동거했고, 부정한 아들을 낳았다"고 썼습니다. BC 3세기에 히브리어를 헬라어로 번역한 70인역 성경의 한 사본은 "하나님의 아들들"을 '천사들'로 번역해 놓기도 했습니다. 여기에 예수 그리스도의 형제이자 야고보의 동생인 유다가 각 교회에 보낸 편지에 언급한 "천사들"이 천사설에 힘을 보탭니다.

또 자기 지위를 지키지 아니하고 자기 처소를 떠난 천사들을 큰 날의 심판까지 영원한 결박으로 흑암에 가두셨으며 소돔과 고모라와 그 이웃 도시들도 그들과 같은 행동으로 음란하며 다른 육체를 따라가다가 영원한 불의 형벌을 받음으로 거울이 되었느니라_유 1:6-7

그러나 소돔과 고모라의 타락과 관련한 그들의 행동은 동성애를 가리키고 있어 창세기 내용과 비교하는 것은 무리이며 또 "천사들"이 문제를 일으켰다면, 왜 땅과 인간이 홍수 심판을 받아야 하느냐는 반론이 제기됩니다.

따라서 "하나님의 아들들"은 당시 사회적 맥락에서 이해해야 한다는 두 번째 주장이 나왔습니다. 고대 중근동에서는 왕족이나 귀족의 상류층을 지칭하는 전형적인 호칭으로 "하나님의 아들들"이라는 표현이 쓰였고, 이들은 마음만 먹으면 어느 여자라도 취할 수 있었기 때문에 "하나님의 아들들"은 상류층 자녀들을 가리킨다는 것입니다. 이 주장은 두 아내를 얻고 살인을 일삼았던 라멕의 이야기와도 일맥상통합니다. 게다가 당시 왕들은 '신의 아들'로 불렸고, 일부다처가 만연하던 때입니다.

세 번째는 많은 사람이 동의하지만, 일장일단이 있는 주장입니다. "하나님의 아들들"이란 천사도 아니고 왕도 아니며 하나님의 족보에 편입된 하나님을 예배하는 자들이라는 것입니다. 즉 '하나님의 이름을 부르는 자들'이라는 것입니다. 즉 하나님을 떠난 하나님의 아들들과 하나님을 모르는 사람의 딸들이 섞임으로 죄가 급속히 증폭되었다는 해석입니다.

죄가 급속하게 확산된 원인

사실 이런 논쟁에 뛰어들 이유가 없습니다. 논쟁을 벌인다고 해도 모두가 동의하고 만족할 만한 결론에 도달할 수 있는 것이 아니기 때문입니다.

"하나님의 아들들"과 "사람의 딸들"이 누구인가에 관한 여러 주장보다 더 중요한 것이 있습니다. 바로 타락의 결과로 내려지는 하나님의 심판입니다.

> 여호와께서 이르시되 나의 영이 영원히 사람과 함께하지 아니하리니 이
> 는 그들이 육신이 됨이라 그러나 그들의 날은 백이십 년이 되리라 하시
> 니라_창 6:3

하나님은 "나의 영이 영원히 사람과 함께하지 않을 것"이라고 말씀하십니다. 왜냐하면 그들은 이제 "육신"에 불과하게 되었기 때문입니다. 이것이 더 중요한 말씀 아닙니까? 결국, 하나님의 거룩한 본성은 타락한 인간과 함께할 수 없습니다. 인간이 그토록 타락했다는 것이 문제의 본질입니다.

성경 본문이 의도하는 바는 무엇입니까? 죄가 이토록 급속하게 확산된 주된 원인이 무엇인지를 알려 주고자 한다는 것입니다. 무엇보다도 1차 책임은 "하나님의 아들들"에게 있습니다.

성경에서 쓰인 "하나님의 아들"이라고 하는 표현을 다른 관점에서 찾아보십시오. 우선 예수님을 가리켜 "하나님의 아들"이라

고 합니다. 예수님은 하나님을 "아빠 아버지"(막 14:36)라 부르셨습니다. 그러면 예수님을 "하나님의 아들"로 부를 때는 누구를 염두에 두고 하는 표현일까요?

유대인들이 대답하되 선한 일로 말미암아 우리가 너를 돌로 치려는 것이 아니라 신성모독으로 인함이니 네가 사람이 되어 자칭 하나님이라 함이로라 예수께서 이르시되 너희 율법에 기록된 바 내가 너희를 신이라 하였노라 하지 아니하였느냐 성경은 폐하지 못하나니 하나님의 말씀을 받은 사람들을 신이라 하셨거든 하물며 아버지께서 거룩하게 하사 세상에 보내신 자가 나는 하나님의 아들이라 하는 것으로 너희가 어찌 신성모독이라 하느냐_요 10:33-36

예수님은 스스로 "나는 하나님이다"라고 말씀하시지 않습니다. 하나님을 "아빠"로 부르셨을 뿐입니다. 아빠로 부르신 까닭이 무엇입니까? 당연하게도, 예수님이 하나님의 아들이기 때문입니다. 그런데 사람들이 "하나님의 아들"이라는 표현을 문제 삼자 예수님은 시편 말씀을 인용하여 "하나님의 아들"이란 "하나님의 말씀을 받은 사람들"이라고 해석해 주십니다.

내가 말하기를 너희는 신들이며 다 지존자의 아들들이라 하였으나
_시 82:6

구약의 선지서에도 하나님께로 돌이킨 이스라엘 백성들을 가리켜 "하나님의 아들들"이란 표현을 쓴 곳들이 있습니다. 선지자 호세아가 하나님의 명령에 따라 창녀와 결혼하여 자녀들을 낳습니다. 왜 하나님이 그에게 이런 일을 명령하십니까? 이스라엘 백성들의 타락은 잘못된 결혼의 결과이며, 이스라엘이 겪을 고난은 음란한 우상숭배 때문임을 알리려고 하신 것입니다. 그 백성들이 돌이키면 어떻게 될까요? 하나님은 그들이 "하나님의 아들들"이 될 것이라고 말씀하십니다.

> 그러나 이스라엘 자손의 수가 바닷가의 모래 같이 되어서 헤아릴 수도 없고 셀 수도 없을 것이며 전에 그들에게 이르기를 너희는 내 백성이 아니라 한 그곳에서 그들에게 이르기를 너희는 살아 계신 하나님의 아들들 이라 할 것이라_호 1:10

성경은 하나님이 타락한 세상을 구원하시고자 하는 섭리를 기록한 책입니다. 누가가 복음서에서 예수님의 족보를 기록할 때, 예수님으로부터 거슬러 올라가면서 다윗, 아브라함, 그 위로 노아, 에녹, 그 위로 셋과 아담, 그리고 마지막에 하나님을 기록한 것은 바로 그 때문입니다. 예수님의 족보 자체가 바로 "하나님의 아들들"의 족보라는 사실을 말하고자 한 것입니다.

하나님의 자녀들의 족보는 하나님과 예수님으로 둘러싸인 족보입니다. 말씀이신 하나님과 말씀이 성육신하신 예수님을 아버지와 주(主)로 부르는 사람들이 "하나님의 아들들"입니다. 그렇게 부를 수 있도록 성령이 함께하시는 사람들이 곧 "하나님의 아들들"입니다.

그런데 하나님의 아들들이 타락하면 어떻게 됩니까? 세상은 심판받을 수밖에 없게 된다는 것입니다. 지금 이야기는 노아를 향해 흘러가고 있습니다. "하나님의 아들들"과 "사람의 딸들"의 이야기는 '온 세상이 타락해도 남은 자가 있다, 그 한 사람을 통해 하나님은 구원의 역사를 이루어 가신다'는 주제의 밑그림이 됩니다.

그런 점에서 노아 이야기도 오실 예수 그리스도에 관한 배경 설명으로 볼 수 있습니다. 그런데 왜 노아 한 사람뿐입니까? 다른 사람들은 다 어디로 갔습니까? 하나님의 아들로서의 자리를 지켜야 할 자들이 다 어디로 갔단 말입니까?

그들은 사람의 딸들에게로 갔습니다. 여인들의 아름다움에 빠져 여자들을 아내로 삼았습니다. 사실, '성적 방종과 음란'을 뜻하는 것입니다. 하나님의 아들들이 거룩을 잃어버리면 끝입니다. 하나님의 아들들이 세속적인 매력에 푹 빠져 버리면, 하나님의 영이 더 이상 그들과 함께하실 수 없습니다. 일부일처의 근간을 뿌리째 흔들고, 성적인 유혹을 이기지 못하면, 하나님이 더는 함께하시지 않습니다.

교회가 왜 성적인 문제와 음란의 문제에 예민해야 합니까? 성령이 떠나시는 주된 이유이기 때문입니다. 또한 심판의 주된 원인이기도 합니다.

민수기에 보면 이스라엘 백성들이 미디안 여자들의 유혹에 넘어가 바알브올에게 제사하는 장면이 나옵니다. 모세가 그 제사에 참석했던 자들을 모조리 죽이라고 명령합니다. 그런데 그 와중에 시므온 지파의 지도자였던 시므리와 미디안 수령 수르의 딸 고스비가 막사에서 음행을 범합니다. 성경은 그들의 이름을 써 놓음으로써 음행의 대가가 어떠한지를 기록합니다.

> 이스라엘 자손의 온 회중이 회막 문에서 울 때에 이스라엘 자손 한 사람이 모세와 온 회중의 눈앞에 미디안의 한 여인을 데리고 그의 형제에게로 온지라 제사장 아론의 손자 엘르아살의 아들 비느하스가 보고 회중 가운데에서 일어나 손에 창을 들고 그 이스라엘 남자를 따라 그의 막사에 들어가 이스라엘 남자와 그 여인의 배를 꿰뚫어서 두 사람을 죽이니 염병이 이스라엘 자손에게서 그쳤더라 그 염병으로 죽은 자가 이만 사천 명이었더라_민 25:6-9

끔찍한 사건입니다. 하나님이 시므리와 고스비 두 사람을 죽인 비느하스를 제사장으로 세우십니다. 무슨 뜻입니까? 가나안에서 살아야 할 이스라엘 백성들에게 가장 중요한 덕목은 성결이라는 것입니다. 사람들이 "간통을 문제 삼지 않는 이 시대에 그런 케케묵은 얘기를 왜 하느냐? 요즘 누가 그런 걸 심각하게 받아들이느냐?"고 묻더라도, 하나님의 뜻은 시대를 불문하고 변함없습니다. 하나님의 뜻과 계획은 구원에 있습니다. 구원은 하나님의 모양과 형상을 회복하는 것입니다. 그 회복은 곧 거룩함입니다. 거룩함은 죄로부터의 자유, 권력 의지로부터의 자유, 특히 음란으로부터의 자유를 의미합니다.

사도 바울은 고린도 교회가 "그 아버지의 아내를" 취한 자를 쫓아내지 않는 것을 보고 꾸짖고, 어째서 그토록 교만해졌느냐고 나무랍니다. 또 주님은 소아시아 교회 중에서 유독 "니골라 당"과 "선지자라 하는 여자 이세벨"의 잘못된 인도로 음란의 길로 빠진 버가모 교회와 두아디라 교회가 어떤 결과를 맞게 될지 경책하십니다(계 21:12-29).

> 또 내가 그에게 회개할 기회를 주었으되 자기의 음행을 회개하고자 하지
> 아니하는도다 볼지어다 내가 그를 침상에 던질 터이요 또 그와 더불어
> 간음하는 자들도 만일 그의 행위를 회개하지 아니하면 큰 환난 가운데에
> 던지고 또 내가 사망으로 그의 자녀를 죽이리니 모든 교회가 나는 사람
> 의 뜻과 마음을 살피는 자인 줄 알지라 내가 너희 각 사람의 행위대로 갚
> 아 주리라_계 2:21-23

오늘날 음란이 교회 안으로 물밀 듯 밀려들고 있습니다. 하나님의 말씀을 받은 하나님의 아들들이 넘어지는 교회가 숱합니다. 이대로 괜찮을까요? 하나님의 영이 계속해서 그런 교회에 머무르시겠습니까?

그런데 "하나님의 아들들"은 어떻게 해서 넘어졌을까요? 하나님의 영광은 보지 못한 채 사람의 아름다움만 쳐다보면 넘어집니다. 하나님보다 자기 자신을 더 사랑하면, 자기 욕망에 걸려 넘어집니다. 하나님보다 자신을 더 사랑하는 태도 중에 가장 빗나간 것이 성적인 방종입니다. 우상 숭배의 시작과 끝이 바로 이 음란에서 비롯됩니다.

세상이 종말을 향해 치닫고 있다는 것을 어떻게 알 수 있습니까? 빌리 그레이엄(Billy Graham) 목사는 1980년대에 미국인들을 향해 이렇게 경고했습니다.

"하나님이 이토록 성적으로 타락한 미국을 심판하지 않으신다면, 소돔과 고모라 백성들에게 사과하셔야만 한다."

빌리 그레이엄 목사의 통탄이 과연 미국에만 해당됩니까? 하나님의 탄식이 들리지 않습니까? 하나님의 인내가 한계에 이르고 있다는 사실이 느껴집니다.

하나님의 아들들이 사는 목적

여호와께서 이르시되 나의 영이 영원히 사람과 함께하지 아니하리니 이는 그들이 육신이 됨이라 그러나 그들의 날은 백이십 년이 되리라 하시니라_창 6:3

결국 하나님은 120년이라는 시간을 판결하십니다. 여기에도 두 가지 견해가 있습니다. 첫째는 이제 남은 시간은 120년이라는 것입니다. 즉 120년 후에 심판이 임할 것이라는 해석입니다. 둘째는 인간의 수명이 120년이 될 것이라는 말로 해석하는 것입니다. 실제로는 창세기의 인물들이 노아의 홍수 이후에도 120년 이상을 삽니다. 노아가 600년을 살았으니 하나님이 그에게 앞으로 120년밖에 못 살 것이라고 말씀하셨다면, 당시 노아의 나이는 480세로 계산됩니다.

아무튼 하나님의 아들들이 사람의 딸들과 타락하자 심판이 선포되었습니다. 세상에 악이 창궐하자 하나님의 심판이 선고된 것입니다.

> 당시에 땅에는 네피림이 있었고 그 후에도 하나님의 아들들이 사람의 딸들에게로 들어와 자식을 낳았으니 그들은 용사라 고대에 명성이 있는 사람들이었더라_창 6:4

"네피림"에 관한 이야기도 분분합니다. 앞서 "하나님의 아들들"을 '타락한 천사'로 말하는 사람들은 네피림이 하나님의 아들들과 사람의 딸들 사이에서 태어난 거인족을 가리킨다고 주장합니다. 누구와 누구 사이에서 태어난 자들인지는 아무리 추적해봐도 여전히 불확실하지만, 이들이 당시 사람들을 두렵게 한 힘 있는 자들이었음은 분명합니다.

네피림은 성경에 두 번 등장하는데, 창세기와 민수기 13장에서 한 번씩 등장합니다.

> 거기서 네피림 후손인 아낙 자손의 거인들을 보았나니 우리는 스스로 보기에도 메뚜기 같으니 그들이 보기에도 그와 같았을 것이니라_민 13:33

"아낙 자손"을 "네피림 후손"으로 기록하고 있습니다. 그들은 거인들입니다. 모세가 보낸 이스라엘 정탐꾼들은 그들 앞에 선 자신의 모습이 "메뚜기"처럼 작게 느껴졌다고 말합니다. 성경의 다른 곳에서는 "장대한 자들"(민 13:32) 또는 "르바임"(신 2:11)으로 불리기도 합니다. 이 거인족을 대표하는 인물로는 출애굽 당시에 등장한 "바산 왕 옥"(신 3:1), 다윗이 쓰러뜨린 블레셋 장수 "골리앗"(삼상 17:4), 또 다윗을 죽이려다가 되레 아비새에게 죽임을 당한 블레셋 장수 "이스비브놉"(삼하 21:16)이 있습니다. 참고로, 바산 왕 옥의 침대 길이가 아홉 규빗(약 4m)이나 되었다고 하니 얼마나 거인이었는지 알 수 있습니다. 골리앗도 키가 약 3m나 되었습니다.

만약 이들을 노아 시대에 살았던 네피림의 직계 후손으로 받아들인다면, 홍수 심판 때 살아남은 사람이 노아와 그의 가족뿐 아니라 네피림도 있었다는 말이 되므로 앞뒤가 맞지 않습니다. 따라서 네피림은 '키가 큰 족속' 정도로 보는 것이 합당할 것입니다.

그러나 네피림은 뒤에 "용사"(창 6:4)로 번역된 히브리어 '깁보림'과도 관련이 있습니다. 깁보림은 '용맹, 힘, 부와 권능을 가진 용사'라는 뜻으로 창세기 10장에 등장하는 "니므롯"(창 10:9)도 이들 중 하나입니다. 네피림과 깁보림의 연관성에 주목하는 학자들은 네피림을 거인으로 해석하기보다는 군주나 귀족에 가까운 인물로 해석하기도 합니다.

다른 관점에서 한번 살펴봅시다. "하나님의 아들들이 사람의 딸들에게로 들어와 자식을 낳았으니 그들은 용사라 고대에 명성이 있는 사람들이었더라"(창 6:4)는 이야기가 어떻게 들립니까? 잘되었다는 겁니까? 아니면 잘 안 되었다는 겁니까? 힘이 생기고 유명해지면, 다 좋은 겁니까? 아닙니다. 성경적으로는 반드시 좋은 평가가 아닐 수도 있습니다.

하나님의 아들들이 사람의 딸들을 만나서 용사 같은 아들들을 낳고, 명성 있는 딸들을 두는 것이 인생의 목표가 아니라는 뜻입니다. 그것은 결혼의 목적이 아닙니다. 물론 아들딸이 능력 있고 강하고 아름답고 유명해지는 것 자체가 나쁜 것은 아닙니다. 그러나 그것이 목적이 아니라는 사실은 분명합니다.

그렇다면 결혼의 목적은 무엇입니까? 자녀를 낳아서 어떻게 길러야 합니까? 하나님의 아들들은 그 자녀들이 세상에서 이름을 떨치는 것이 1차적인 목적이 아닙니다. 하나님이 나중에 아브라함에게 뭐라고 말씀하십니까? "네 이름을 창대하게 하리니 너는 복이 될지라"(창 12:2)라고 말씀하십니다. 그가 이름을 떨치도록 해 주겠다고 약속하신 것입니다.

우리 이름은 세상 언론에 자주 등장하는 것이 목적이 아니라 하나님의 족보에 올라가는 것이 목적입니다. 이것이 왜 중요합니까? 하나님의 아들들은 전혀 다른 가치관을 지녀야 하기 때문입니다. 우리 목적은 "용사"나 "명성 있는 사람들"이 되는 것이 아닙니다. 세상이 우리를 알아봐 주는 것이 목적이 아니라 세상이 하나님을 아는 것이 목적입니다.

하나님의 시선을 붙들고 있는가?

우리는 하나님을 아는 것을 인생의 최우선으로 삼아야 합니다. 자기 수하에 사람을 많이 거느리는 것이 중요하지 않습니다. 많은 사람을 통치하기 위해서 권력을 장악하는 것이 시급한 일이 아닙니다. 자기 이름을 내는 것에 조바심내지 마십시오. 나를 알리겠다는 사람, 용사나 명성 있는 사람이 되고자 하는 사람들은 대체 무엇을 생각하며 살아갈까요? 사람들이 모두 육신의 정욕과 안목의 정욕과 이생의 자랑을 위해서 살면, 세상은 어떻게 될까요?

여호와께서 사람의 죄악이 세상에 가득함과 그의 마음으로 생각하는 모든 계획이 항상 악할 뿐임을 보시고_창 6:5

세상은 죄악으로 가득합니다. 사람의 마음에 생각하는 것이 모두 악할 뿐입니다. 너무 극단적인 표현 아닙니까? 하나님이 잘 못 보고 계신 것입니까? 하나님은 우리의 중심을 보고 계십니다. 우리는 세상이 발전하고 있다고 생각합니다. 인간이 지금까지 지속적으로 세상을 발전시켜 왔다고 믿고 삽니다. 그리고 더 발전할 것이라고 기대하며 살아갑니다. 점점 더 나아질 것이라고 믿습니다.

그런데 사람들이 점점 나아지지 않는데, 어떻게 세상이 점점 더 나아지겠습니까? 사람들이 갈수록 타인에 대해 더 무례해지고, 배려와 존중이 사라지는데도 세상이 더 나아지겠습니까? 거짓과 음란이 이렇게 확산되어 가는데도 세상이 더 나아지겠습니까?

> 땅 위에 사람 지으셨음을 한탄하사 마음에 근심하시고 이르시되 내가 창조한 사람을 내가 지면에서 쓸어버리되 사람으로부터 가축과 기는 것과 공중의 새까지 그리하리니 이는 내가 그것들을 지었음을 한탄함이니라 하시니라_창 6:6-7

하나님의 아들들과 사람의 딸들 사이에서 아이들이 계속 태어나면서 하나님의 근심이 짙어지십니다. 땅 위에 사람을 지으신 것을 한탄하실 정도입니다. 후회한다는 번역도 있지만 하나님은 변하시는 분이 아닙니다. 하나님이 후회하신다는 말은 하나님의 성품이나 뜻이 변했다는 것이 아니라 하나님의 선하신 뜻에 인간의 행동이 맞지 않는다는 것을 나타내는 인간의 표현일 뿐입니다. 이것을 신인동형(神人同形)론적인 표현이라 합니다. 하나님의 반응을 인간의 표현으로 나타내는 방식입니다.

모세는 "이스라엘의 지존자는 거짓이나 변개함이 없으시니 그는 사람이 아니시므로 결코 변개하지 않으심이니이다"(창 15:29)라고 말합니다. 출애굽기를 보면, 변개함이 없으신 하나님이 모세의 중보기도를 들으시고 뜻을 돌이키시는 장면이 나옵니다.

> 여호와께서 뜻을 돌이키사 말씀하신 화를 그 백성에게 내리지 아니하시니라_출 32:14

예레미야도 뜻을 돌이키시는 하나님을 묘사합니다.

> 여호와께서 이와 같이 말씀하시니라 너는 여호와의 성전 뜰에 서서 유다 모든 성읍에서 여호와의 성전에 와서 예배하는 자에게 내가 네게 명령하여 이르게 한 모든 말을 전하되 한 마디도 감하지 말라 그들이 듣고 혹시 각각 그 악한 길에서 돌아오리라 그리하면 내가 그들의 악행으로 말미암아 그들에게 재앙을 내리려 하던 뜻을 돌이키리라_렘 26:2-3

> 그런즉 너희는 너희 길과 행위를 고치고 너희 하나님 여호와의 목소리를 청종하라 그리하면 여호와께서 너희에게 선언하신 재앙에 대하여 뜻을

돌이키시리라_렘 26:13

니느웨 백성이 요나가 전한 하나님의 심판 메시지를 듣고 회개했을 때, 하나님은 어떻게 하십니까?

하나님이 그들이 행한 것 곧 그 악한 길에서 돌이켜 떠난 것을 보시고 하나님이 뜻을 돌이키사 그들에게 내리리라고 말씀하신 재앙을 내리지 아니하시니라_욘 3:10

하나님이 후회하거나 마음을 바꾸시는 것이 아니라 백성들이 하나님의 성품을 회복할 때 하나님도 그 뜻을 원래대로 돌이키시는 것을 봅니다. 우리도 하나님의 성품을 회복하게 되면, 후회하는 인생이 아니라 회개하는 인생이 될 것입니다. 구원받은 백성이란 회개할 줄 아는 사람이 되는 것입니다. 내 마음대로 가고자 하는 뜻을 돌이켜 하나님의 길로 되돌아오는 삶을 살게 되는 것입니다.

그러나 노아는 여호와께 은혜를 입었더라_창 6:8

중요한 것은 무엇입니까? 하나님이 인간의 타락으로 말미암아 온 인류를 쓸어 버려야겠다고 결정하시기 전에 누가 하나님의 시선을 붙들고 있느냐는 것입니다. 노아 한 사람이 하나님의 시선을 붙들고 있습니다. 노아는 세상을 바라보지 않고, 오직 하나님만을 바라봅니다. 그는 하나님의 눈에서 은혜를 발견하고, 긍휼과 자비를 발견합니다.

노아가 그 은혜를 받습니다. 누군가는 은혜를 특혜라고 말하는데, 맞습니다. 그것은 특별한 혜택입니다. 특별한 관심과 사랑입니다. 세상을 심판하는 대홍수 속에서 노아는 어떻게 생존합니까? 하나님의 은혜를 발견했고 하나님의 사랑을 받는 존재가 되었기 때문입니다. 하나님의 사랑을 양껏 받으면, 세상 속에서 살면서도 세상에 속하지 않은 자로 살아갈 수 있습니다. 세상 속에서 살지만, 동시에 하나님의 은혜 속에서 사는 것입니다.

예수님은 이 시대를 노아의 시대에 비유하십니다. "홍수 전에 노아가 방주에 들어가던 날까지 사람들이 먹고 마시고 장가들고 시집가고 있으면서 홍수가 나서 그들을 다 멸하기까지 깨닫지"(마 24:38-39) 못하였다고 말씀하십니다.

늘 하나님을 바라보며 살았던 노아는 방주를 짓는 소명을 받았고, 그 소명을 완수했습니다. 우리도 마찬가지입니다. 예수님이 오셔서 우리에게 교회 되는 소명, 세상 속의 방주와 같은 교회를 이루는 소명을 주셨습니다. 우리 교회는 세상의 파도가 몰아칠 때 물이 들어오지 않는 방주 역할을 하고 있습니까? 우리는 세상의 거친 파도에 침몰하지 않는 방주를 타고 있는 것이 맞습니까? 오직 하나님의 시선을 바라보고, 그 시선 가운데서 하나님의 은혜를 발견하기를 바랍니다.